es 1667

edition suhrkamp

Neue Folge Band 667

Der amerikanische Schriftsteller und Literaturprofessor Raymond Federman, dessen Romanwerk im Suhrkamp Verlag erscheint, gab in seinen 1990 im Hamburger Literaturhaus gehaltenen Poetik-Lektionen Auskunft über das eigene Schreiben ›nach Auschwitz‹ und die Entwicklung der amerikanischen und europäischen Literatur seit den 50er Jahren. In einer kritischen Bestandsaufnahme der Gegenwartsliteratur und ihrer Erzähltechniken verfolgt Raymond Federman aus der Sicht des Schreibenden und des Theoretikers den Prozeß der Moderne zur Postmoderne unter dem Titel der SURFICTION:

Mir bedeutet heute nur die Literatur etwas, die versucht, die Möglichkeiten der Literatur jenseits ihrer Grenzen auszuloten; jene Art von Literatur, die Traditionen in Frage stellt, von denen sie beherrscht wird; jene Art von Literatur, die ständig den Glauben an die Vorstellungskraft des Menschen wachhält, statt den Glauben an die verzerrte Sicht des Menschen auf die Realität; jene Art von Literatur, die die spielerische Irrationalität des Menschen offenbart statt seine selbstgewisse Rationalität.

Diese Literatur nenne ich SURFICTION. Allerdings nicht, weil sie Realität nachahmt, sondern weil sie die Fiktionalität der Wirklichkeit offenlegt. So wie die Surrealisten jene Ebene der menschlichen Erfahrung, die im Unterbewußten verborgen funktioniert, SURREALITÄT nannten, nenne ich die Ebene der menschlichen Aktivitäten, die das Leben als Fiktion entlarven, SURFICTION.

Raymond Federman, geboren 1928 in Paris, überlebte als einziger seiner Familie die Deportation und kam 1947 als mittelloser Emigrant in die USA. Er ist Kritiker und Literaturprofessor in Buffalo/New York.

1990 erschien sein Roman *Eine Liebesgeschichte oder sowas* (st 1788); 1991 erschienen *Die Nacht zum 21. Jahrhundert oder Aus dem Leben eines alten Mannes* (st 1849) und der neue Roman *betrifft: Sarahs Cousin.*

Raymond Federmans Poetik-Lektionen wurden 1990 im Hamburger Literaturhaus gehalten, dem zu danken ist; sie werden in der edition suhrkamp in ergänzter Form vorgestellt.

Foto: Peter Peitsch

Raymond Federman
Surfiction: Der Weg der Literatur

Hamburger Poetik-Lektionen

Aus dem Amerikanischen
von Peter Torberg

Suhrkamp

edition suhrkamp 1667
Neue Folge Band 667
Erste Auflage 1992

Deutsche Erstausgabe

Satz: Leingärtner, Nabburg
Druck: Nomos Verlagsgesellschaft, Baden-Baden
Umschlagentwurf: Willy Fleckhaus
Printed in Germany

1 2 3 4 5 6 – 97 96 95 94 93 92

Inhalt

Für Jerry, Jurek, Larry –

sie wissen warum

1. Lektion

Literatur heute oder Der Drang nach dem Nicht-Wissen

> Die Wirklichkeit, ob man sich ihr nun in der Vorstellung oder empirisch nähert, bleibt eine hermetisch geschlossene Oberfläche. Die Vorstellung, angewandt auf etwas nicht Vorhandenes, spielt sich im luftleeren Raum ab und kann die Grenzen des Realen nicht tolerieren.
>
> *Samuel Beckett*

ZU BEGINN: Einige Gedanken, Gedankenfetzen – denn man weiß nie, woher die eigenen Ideen stammen und wann diese Gedanken sich mit denen anderer Menschen vermischen, wo die eigene Sprache anfängt und wo sie innerhalb des Dialogs, den wir alle mit uns selbst und mit anderen führen, auf die Sprache anderer trifft.

1. Am Anfang stand nicht die MIMESIS (die Kunst der Imitation), sondern die Notwendigkeit, MIMESIS zu erzielen.

2. Die künstlerische Tätigkeit beginnt dort, wo man sich der sichtbaren Welt als etwas ungeheuer Rätselhaftes gegenübersieht. Bei der Erschaffung eines Kunstwerks steht der Mensch im Kampf mit der Natur, nicht aus Gründen seiner physischen sondern seiner geistigen Existenz.

3. Die Wirklichkeit der Vorstellung ist realer als die Wirklichkeit ohne Vorstellung, und außerdem hat die Realität noch nie wirklich interessiert. Realität ist und war immer eine Art der Entzauberung; was die Realität so faszinierend macht, ist die eingebildete Katastrophe, die sich dahinter verbirgt.

4. Werke der Gegenwartsdichtung spiegeln oft die Erfahrungen einer gewissen Besorgnis wider, nicht weil sie den Roman oder die Kurzgeschichte als erkennbare Genres aus-

zulöschen drohen, sondern weil sie die traditionellen Grundlagen sowohl des kulturellen als auch des ästhetischen Urteils angreifen. Die Literatur wird im allgemeinen in dem Maße als kulturell bedeutend akzeptiert, in dem sie die Außenwelt darstellt; entweder durch die Beschreibung einer sozial-historischen Situation oder durch die Versprachlichung psychologischer Zustände. Ein Großteil der Gegenwartsliteratur bietet dem Leser keinen direkten Zugang zur Außenwelt (Realität), vermittelt ihm auch kein Gefühl von erlebter Erfahrung (Wahrheit); statt dessen beschäftigt sich die Gegenwartsliteratur mit den Umständen ihrer eigenen Möglichkeiten, mit den Erzählkonventionen und der Offenheit von Sprache für Bedeutungsvielfalt, Widersprüchlichkeit, Ironie und Paradoxa.

Anders ausgedrückt, im Mittelpunkt der Diskussion (vielleicht sollte man besser Kontroverse sagen), die nun seit vier Jahrzehnten über NEUE (innovative/experimentelle) Literatur versus ALTE (traditionelle/realistische) Literatur geführt wird, steht das Problem der DARSTELLUNG – besser gesagt der Beziehung zwischen Literatur, Realität und Leben: MIMESIS.

Sobald sich ein dichterisches Werk absichtlich der DARSTELLUNG der Außenwelt (der Abbildung von Realität) verweigert, oder sich weigert, das Innere des Menschen darzustellen, wird es sofort als mißlungen betrachtet und mit dem Aufkleber experimentell versehen: irrelevant, nutzlos, langweilig, unlesbar, und natürlich unverkäuflich.

Der traditionellen Betrachtungsweise von Literatur zufolge begründet den Text (ein Roman, eine Geschichte), eine unhintergehbare, allgemein anerkannte Bedeutung – ETWAS-DAS-GESAGT-WERDEN-MUSS –, die schon feststeht, bevor das Werk vollendet wurde. Diese prä-existente Bedeutung beeinflußt zwei Bereiche: das SELBST und die WELT.

Diese festgelegte Bedeutung zerlegt sich also in zwei parallel verlaufende Ideen: die Aspekte des Selbst werden AUSGEDRÜCKT; die Aspekte der Welt werden DARGESTELLT. Dieses Textkonzept mit seinen beiden Kernansätzen ist zutiefst widersprüchlich und beherrscht dennoch auch heute noch den größten Teil der Literatur und Kunst.

Dieses Konzept erreichte seinen Zenit zu einem genau bestimmbaren historischen Zeitpunkt: im 19. Jahrhundert, einer Zeit, die noch nicht weit genug zurückliegt, als daß die noch immer zahllosen Gläubigen der sogenannten AUSDRUCKS-/DARSTELLUNGS-Doktrin erkennen könnten, wie sie in eine lange und obsolete weltliche Tradition passen; allerdings eine Zeit, die zu weit zurückliegt, als daß die Gläubigen sich die Vitalität ihrer Vision hätten erhalten können.

Wie wir in der Schule gelernt haben, dominierten zwei literarische Bewegungen das 19. Jahrhundert: Die ROMANTIK beschäftigte sich mit dem Ausdruck, der REALISMUS mit der Darstellung. Diese beiden Bewegungen gegenüberzustellen – wie dies so häufig in Klassenzimmern, Hausarbeiten und Dissertationen und in den Handbüchern der Literaturgeschichte geschieht –, heißt die Tatsache leugnen, daß Romantik und Realismus tatsächlich zwei Seiten ein und derselben Münze sind. Beide Bewegungen ordnen den literarischen Text einer bereits festgelegten Meinung unter, die es auf der Welt gab, bevor das Gedicht oder der Roman geschrieben wird. Es ist kein Zufall, daß Victor Hugos Gedichte, die man als »Spiegel der Seele« bezeichnet hat, ihre Entsprechung in Balzacs Romanen finden; Romane, die er selbst »Spiegel« nannte, »die man die Straße der Realität hinunterschleppt«. (Dieser Sarkasmus soll Größe und Wirkung der Romane Balzacs oder der Gedichte Victor Hugos nicht in Frage stellen – diese Autoren lebten und arbeiteten im 19. Jahrhundert; wir leben und arbeiten im 20., schon fast im 21. Jahrhundert.)

Diese Betrachtungsweise lebt natürlich heute noch fort, wenigstens war dies die beherrschende und gültige Betrachtungsweise bis zum Ende der EXISTENTIALISTISCHEN ÄRA (zu Beginn der fünfziger Jahre). Erst mit dem Auftreten dessen, was man als Neue Literatur, Antidichtung, Metafiction oder Postmoderne Literatur bezeichnet und was ich lieber Surfiction nennen möchte, wurde diese Sichtweise angegriffen, untergraben, ja sogar abgelehnt.

Mit anderen Worten: die neue Literatur, die sich in der Mitte der fünfziger Jahre entwickelt hat und die heute noch an vielen Orten der Welt geschrieben wird, kann der POST-EXISTENTIALISTISCHEN ÄRA zugerechnet werden; diese neue Literatur kehrt der Realität, dem Leben und dem Menschen den Rücken, zumindestens der Vorstellung, daß Literatur nur Realität, Leben und Mensch ausdrücken und darstellen soll.

Um zu verstehen, wie die neue Literatur wirkt, ist es nötig, einen Augenblick zur EXISTENTIALISTISCHEN PERIODE zurückzukehren – jenem Abschnitt kurz vor, während und nach dem Zweiten Weltkrieg –, um deren literarische Sehweise zu betrachten.

1947 richtete Jean-Paul Sartre eine entscheidende Frage an alle, die sich ernsthaft als Schöpfer, Kritiker, oder einfach nur als Wißbegierige mit der Literatur beschäftigen: *Qu'est-ce que la litterature?* (dt.: *Was ist Literatur?*) Nicht nur eine Frage, sondern auch ein ausführlicher Essay, der zuerst als Einleitung zu LES TEMPS MODERNES diente (dem Literaturjournal, das Jean-Paul Sartre ab 1947 herausgab), und später zu dem Buch mit dem Titel *Situation II* (dt.: *Situationen*) wurde. In den Mittelpunkt dieses Essays stellt Sartre die Frage nach dem ENGAGEMENT – der literarischen Verpflichtung.

Die gesamte Problematik des Nouveau Roman (in Frankreich) während der fünfziger Jahre, aber auch aller literarischer Bemühungen irgendwo auf der Welt seit dem Zweiten Weltkrieg, kann nur im Blick auf Sartres fundamentales Konzept der literarischen Verpflichtung verstanden und hergeleitet werden – »La littérature engagée«.

Was postulierte Sartre:

1: Ein optimistisches und rationalistisches Konzept literarischer Tätigkeit.
2: Das Buch als Kommunikationsmittel.
3: Literatur als »une prise de position« – einen Standpunkt in allen moralischen, sozialen und politischen Fragen.
4: Den Schriftsteller, der sich an der Gestaltung der Geschichte beteiligt.
5: Schreiben als Form der Befreiung, als eine Kraft, die andere aus moralischer, sozialer und politischer Unterdrückung befreit.

Dies ist sicherlich eine höchst noble Reihe von Vorschlägen und beinhaltet auch, daß der Schriftsteller innerhalb dieser Spielregeln nur dann tätig sein kann, wenn er sich an der Geschichte im Sinne eines universalen Ereignisses beteiligt, das sich auf individuelle Freiheit ausrichtet. Der Vorgang des Schreibens vollzieht sich innerhalb des engen Raumes relativer Möglichkeiten. Der Schreiber erfüllt die wesentlichen Forderungen, die an seine Rolle und seine Kunst gerichtet sind, nur, wenn er unsere Welt demaskiert – jene Welt, die nichts anderes ist als ein riesiger Mechanismus der Ungerechtigkeit.

Da der Schriftsteller seiner Zeit nicht entrinnen kann, so Sartre, muß er sich ihr stellen. Literatur bereitet also hier und heute die soziale und sozialistische Revolution vor (damals schrieb Sartre natürlich von einem marxistischen Standpunkt aus). Literatur wird zum Kampf für die völlige Freiheit aller. Literatur bereitet die Freiheit der Zukunft vor. Das sind natürlich wunderschöne Gedanken, und dennoch kümmerte sich die Literatur, die nach Sartres Erklärungen erschien, besonders in Frankreich, aber auch anderswo, nicht um diese Ideen; trotz ihres damaligen Einflusses, trotz all der sich daraus entwickelnden Debatten.

Statt sich der Krise des Gewissens und der Krise des Bewusstseins zuzuwenden, die Sartres Feststellungen zugrundeliegen, beschäftigte die Literatur der letzten vierzig Jahre sich mit sich selbst, mit der Literatur, mit der Krise der Literatur, mit der Krise der Sprache, der Krise der Kommunikation, der Krise des Wissens, nicht mit sozialen und politischen Problemen –; mit Ausnahme einiger seltener Fälle an bestimmten Orten und unter besonderen Umständen (zum Beispiel in Deutschland direkt nach dem Zweiten Weltkrieg oder in Südafrika oder einigen lateinamerikanischen Ländern). Überall sonst wandte der Roman – soll sagen, der Neue Roman – sich von Sartre und der existentialistischen Vision ab.

Tatsächlich bewegte sich die Neue Literatur (die Lyrik hatte dies natürlich schon vor einem Jahrhundert getan) weg von der moralischen und ethischen Ebene hin zu einer ästhetischen und formalistischen Ebene, um uns zu sagen, uns zu zeigen – endlos zu wiederholen –, daß Schriftsteller einfach nur die Unmöglichkeit zu schreiben offenbaren.

Maurice Blanchot, Michel Butor, Alain Robbe-Grillet, Robert Pinget, Claude Simon und viele andere – darunter Samuel Beckett – in Frankreich; John Barth, John Hawkes, William Gass, Donald Barthelme, Robert Coover, Ronald Sukenick, Walter Abish und viele andere (ich nehme an, ich gehöre dazu) in den USA; aber auch Italo Calvino, Julio Cortázar, Severo Sarduy, Jürgen Becker, Peter Handke und viele andere in der ganzen Welt schienen sich eher Sorgen zu machen über ihre Probleme beim Bücherschreiben, schienen eher damit beschäftigt zu sein, die Schwierigkeiten beim Dichten in der Literatur selbst ihren Niederschlag finden zu lassen – anstatt die Probleme des Menschen und die Ungerechtigkeit der Gesellschaft.

Aber das ist nichts Neues. Diese bewußte Weigerung, sich dem sozialen Gewissen auszusetzen und sich statt dessen der Krise der Literatur zuzuwenden, geht zurück zum Anfang des Jahrhunderts; zurück auf Marcel Proust beim Roman, in der Dichtung auf Mallarmé; zurück auf Proust, der einen fünfzehnbändigen Roman von über 5000 Seiten schrieb, um sich zu fragen, was es denn heißt, einen Roman zu schreiben, zurück auf Mallarmé, der den Akt des Gedichteschreibens in Frage stellte und die konventionelle Prosodie zerpflückte und so die Poetik in eine Sackgasse der Selbstverneinung geführt hat, aus der sie sich bisher nicht wieder befreien konnte. Dennoch waren Proust und seine Zeitgenossen in der Lage, den Fehlschlag zu vermeiden, der ihrem Unterfangen innewohnt; wohingegen die neuen Romanschreiber dieses Scheitern zu ihrem Anliegen zu machen scheinen, oder, wie Beckett es in seinem Werk so exemplarisch vorgeführt hat: Ein Schriftsteller zu sein heißt, die Unausweichlichkeit des Scheiterns hinzunehmen.

Allerdings ist die Tatsache, daß dieses Scheitern ein nicht zu leugnender, eindrucksvoll deutlicher und bewegender Aspekt der Gegenwartskunst ist, bereits 1923 von einem jungen, unbekannten französischen Dichter in einer Serie von Briefen festgestellt worden, die er an den Herausgeber eines französischen Magazines richtete – LA NOUVELLE REVUE FRANÇAISE –, der einige seiner Gedichte abgelehnt hatte. Ich meine natürlich Antonin Artaud, dessen Gedichte von Jacques Rivière abgelehnt worden waren.

In einem seiner Gedichte schrieb Artaud:

Alle Kommunikation ist unterbrochen
vor uns

hinter uns
um uns herum
und die letzten Verknüpfungen, die noch die Menschen verbinden, müssen unterbrochen werden wir sind wurzellos.

Und in einem der Briefe an Jacques Rivière stellt er fest: »Ich leide an einer schrecklichen Erkrankung des Verstandes. Meine Gedanken verlassen mich – von der einfachen Tatsache des Denkens zu der äußeren Tatsache, Gedanken in Worte zu fassen ... Es gibt etwas, das meine Gedanken zerstört, etwas, das mich davon abhält, das zu sein, was ich sein könnte, und das mich, wenn ich so sagen darf, im Ungewissen läßt«.

Plötzlich wird die Literatur zur Erklärung, warum der Autor nicht schreiben kann und warum er sich ständig mit dem Versagen des Ausdrucks und der Verständigung beschäftigt.

Es ist tatsächlich das Dilemma, in dem viele Autoren in der ersten Hälfte des 20. Jahrhunderts steckten: Kafka, Céline, Joyce, Gide und sogar Sartre, der die menschliche Würde stärken wollte, aber gezwungen war, dies manchmal in einem offensichtlich widerspruchsvollen und fragmentarischen Stil zu tun. Dennoch verstanden es die genannten und viele andere Autoren, angefangen bei Proust, dieses Dilemma auf ihre Figuren zu übertragen und nicht auf ihr Schreiben, wie dies bei einem großen Teil der neuen Literatur der Fall ist.

Edouard, der fiktive Romanschreiber in Gides *Les Fauxmonnayers* (dt.: *Die Falschmünzer*), mit der Krise des Schreibens konfrontiert, wird so zu einer pathetischen, fast tragischen Figur, während Gide, der eigentliche Schreiber, spielerisch vorgibt, seine Verantwortung für den Roman und seine Figuren abgelegt zu haben. Philip Quarles in Aldous Huxleys *Point Counter Point* (dt.: *Kontrapunkt des*

Lebens) müht sich ab mit der Erschaffung und dem Fehlschlag der Fiktion, während der eigentliche Autor sich über ihn lustig macht. Und es gibt ähnliche Schriftsteller-Protagonisten in Romanen von Thomas Mann, James Joyce, Louis-Ferdinand Céline, die sich dem Fehlschlag ihrer eigenen fiktiven Welt stellen müssen. Sogar Roquentin in Sartres *La Nausée* (dt.: *Der Ekel*) gibt schließlich aus Verzweiflung die Schriftstellerei auf.

Doch wenn Artaud in einer Art erleuchtetem Wahn das Dilemma des Schreibers ausdrückt, wenn seine eigenen Werke, die er »diese unglaublichen Fetzen« nennt, die Widerstände aufdecken, die Grenzen aufzeigen, die Schwächen anprangern, die Unzulänglichkeiten der Sprache bloßlegen, dann tun sie dies mit solcher Klarheit, daß Artaud schließlich in diesem Scheitern einen Grund findet, weiterzuschreiben. Anders ausgedrückt: wie viele seiner Zeitgenossen treibt auch Artaud seine Klarsichtigkeit in die undurchsichtigen Bereiche seiner Vorstellungskraft voran.

Von Proust bis Beckett herrscht das Gefühl vor, daß etwas nicht stimmt mit der Literatur, daß etwas nicht stimmt mit der Art des Ausdrucks. »Es gibt keine Kommunikation«, schreibt Beckett 1930 in seinem kleinen Buch über Proust, »weil es keine Kommunikationsmittel gibt.« Und selbst Sartre war sich dieser Krise der Kommunikation bewußt, als er zu Beginn seines bereits erwähnten Essays von 1947 schreibt:

»Erst gab es eine Krise der Rhetorik, dann eine Krise der Sprache. Die meisten Schriftsteller haben sich nun damit abgefunden, einfach bloß Nachtigallen zu sein. Die meisten Schriftsteller beharren darauf, daß das geheime Ziel aller Literatur die Zerstörung der Sprache sei, und daß man, um dieses Ziel zu erreichen, einfach nur sprechen müsse, um nichts zu sagen.«

Sartre ist hier natürlich sarkastisch, aber seine Aussage

liest sich fast wie ein Manifest für den Neuen Roman. Doch trotz all der Wut, all der Ängstlichkeit in der Literatur in der ersten Hälfte des 20. Jahrhunderts, wenn es darum geht, sich dieser Krise zu stellen, ist es die Neue Literatur (und in gewissem Maße das Neue Theater, das unglücklicherweise den Namen ABSURDES THEATER erhielt), die den entschiedensten Versuch unternahm, das Problem zu entmystifizieren und klarzumachen und jene sozialen und kulturellen Reflexe zu zerstören, die die Literatur ihrer eigenen Krise gegenüber blind werden ließen.

Wie kann also nun der Schriftsteller, im Lichte des bisher Gesagten betrachtet, sich mit den Umständen des menschlichen Daseins beschäftigen? Wie kann sich der Schriftsteller heute mit diesem Thema beschäftigen? Also mit der Realität, dem Menschen und der sozialen Ungerechtigkeit? Er kann sich entweder Sartres Vorschlag zu eigen machen und zum Sozialarbeiter der Literatur werden, also journalistisch schreiben oder Pamphlete verfassen, und Reden halten (auf Mülltonnen stehend, wie Sartre während der gescheiterten Studentenrevolution von 1968); oder er kann mit dem Schreiben aufhören und Politiker werden (Bürgermeister einer Großstadt, wie Norman Mailer es einmal versucht hat) oder Kulturminister (wie André Malraux, um Paris ein Facelifting zu verpassen); oder er kann mit der Möglichkeit liebäugeln, Mitglied der Regierung zu werden (wie Günter Grass es nun schon seit dreißig Jahren probiert). Oder aber der Schriftsteller versucht, sich den wirklichen Problemen zu stellen, der wirklichen Krise der heutigen Literatur, auf die Gefahr hin, sein Publikum zu verlieren und den Eindruck zu erwecken, sich scheinbar in reiner Ästhetik zu verschließen.

Nachdem der Schriftsteller den Kontakt zum Wesentlichen der Welt, in der er lebt, verloren hat, wird er in einen Zustand der Seelenpein geworfen – intellektueller Seelenpein –, weil er nichts weiß, oder besser gesagt, weil alles umso weniger Sinn macht, je mehr er weiß. Der Schriftsteller weiß nichts, weil es nichts zu wissen gibt, oder weil es zuviel zu wissen gibt. Auf jeden Fall gibt es das absolute Wissen nicht mehr, ebensowenig wie die absolute Wahrheit. Doch das heißt nicht, daß der Schriftsteller einem Zustand des Nihilismus verfallen muß, wie viele Kritiker der Neuen Literatur behauptet haben. Nihilismus setzt voraus, daß es nichts gibt, und damit basta. Doch in unserem gegenwärtigen Zustand der intellektuellen Seelenpein erkennen wir, daß es entweder zuviel oder nichts mehr zu wissen gibt, aber das ist kein Grund zur Verzweiflung.

Seit den alten Griechen scheint die Literatur sich als Transportmittel des Wissens verstanden zu haben (in Form von Apologien, Kommentaren, Betrachtungen anderer Texte, Ausschmückungen des Wissens). Anders ausgedrückt, Literatur war eine Bestätigung des Glaubens, der Sicherheit des Wissens. Literatur war tatsächlich Wissen, woraus folgt: »Die meisten Werke der Literatur erzielten Verständlichkeit und Bedeutung durch eine logische Anhäufung von Tatsachen über bestimmte Situationen und durch mehr oder weniger glaubwürdige Figuren. Im Verlauf der Niederschrift oder bei der schrittweisen Offenlegung geistiger und physischer Erfahrungen, festgehalten in ästhetischer und ethischer Form, gingen diese Werke auf ein vorgegebenes Ziel zu – der Offenlegung von Wissen. Einen Roman zu lesen hieß, etwas über die Welt und den Menschen zu erfahren.«

Dieses Zitat stammt aus *Journey to Chaos* (einem Buch, das ich 1965 veröffentlicht habe und das sich der Literatur Samuel Becketts widmet), in dem ich dann fortfahre mit der Feststellung, daß Becketts Romane dem scheinbar zuwiderlaufen, Wissen mit sich nehmen, Wissen auslöschen, uns langsam und schmerzhaft auf Chaos und Bedeutungslosigkeit hinführen.

Doch dies läßt sich über die meisten Werke der Gegenwartsdichtung sagen. Je mehr Seiten sich zur Linken ansammeln, während wir einen Roman von Alain Robbe-Grillet lesen, desto weniger scheinen wir zu wissen. Wir stoßen auf eine Wiederholung nach der anderen, der Text kreist um sich selbst, und statt auf eine Lösung zuzuschreiten, scheint er langsam auf das GROSSE LOCH zuzustolpern, das die Mitte des Buchs bildet. Thomas Pynchons *Gravity's Rainbow* ('dt.: *Die Enden der Parabel*) scheint uns ebenfalls auf ein beabsichtigtes Durcheinander, auf ein Chaos hinzuführen. Und es gibt viele solcher Beispiele von Gegenwartsromanen, die die traditionelle Erkenntnistheorie zerschlagen, unverfroren und spielerisch, wie zum Beispiel mein eigener Roman mit dem Titel *Take It or Leave It.*

Die Frage lautet: Kann es eine Literatur des Nicht-Wissens geben? Eine Literatur, die sich weigert, das Innere des Menschen auszudrücken oder die Welt abzubilden? Das gesamte Werk von Samuel Beckett ist nichts anderes – aber auch das Werk vieler anderer Schriftsteller. Molloy (diese grandiose Figur der postmodernen Literatur in Becketts gleichnamigem Roman) scheint im Namen der Gegenwartsdichter zu sprechen, wenn er sagt: »Denn zu wissen, das Nichts nichts ist, nicht ähnliches wissen zu wollen, sondern jenseits des Wissens von irgendwas zu sein, zu wissen, daß man jenseits des Wissens von irgendwas ist, das ist der Augenblick, in dem Frieden einkehrt in die Seele des neugierlosen Suchers.«

Die neue Dichtkunst versucht, das Wissen absichtlich zu meiden, besonders jene Art von Wissen, die über Konventionen vermittelt, bestätigt und bestimmt wird. Um bei diesem (nun wohl paradoxen) Drang nach dem Nicht-Wissen erfolgreich zu sein, erfindet die neue Literatur ihre eigene Wirklichkeit und löst sie sich von allen Berührungspunkten mit der äußeren Welt. Die neue Literatur bekräftigt ihre Autonomie durch die Bloßlegung ihrer eigenen Lügen: sie erzählt falsche Geschichten, nicht-authentische Geschichten; sie demontiert die absolute Wahrheit und das, was man Realität nennt: sie behauptet sogar herausfordernd, daß Realität als solche gar nicht existiere und daß die Idee einer Realität Schwindel sei.

Ronald Sukenick, einer der führenden experimentellen »Surfictionisten« in den USA, läßt in einer Kurzgeschichtensammlung mit dem Titel *The Death of the Novel and Other Stories* eine seiner Figuren feststellen: »Literatur ist eine Art der Weltbetrachtung. Deshalb werde ich damit beginnen, zu überlegen, wie die Welt aussieht, und dies auf eine Art, die man vielleicht als den postrealistischen Gegenwartsroman bezeichnen könnte. Realistische Literatur setzt die chronologische Zeit als Träger der entworfenen Geschichte voraus, eine unhintergehbare Individualpsyche als Thema ihrer Darstellung und vor allem die elementare konkrete Realität der Dinge als Objekt und rationelle Grundlage ihrer Beschreibung. Doch in der Welt des Postrealismus sind all die absoluten Werte absolut problematisch geworden. Der Gegenwartsdichter – der Schriftsteller, der im schmerzhaften Kontakt mit dem Leben steht, von dem er ein Teil ist – ist gezwungen, von vorn zu beginnen: Realität existiert nicht, Zeit existiert nicht, Persönlichkeit existiert nicht.«

Das Wissen von der Welt und vom Menschen wird ersetzt durch den Akt der Suche (und sogar der Forschung) innerhalb der Literatur, der Suche nach dem, was das Schreiben von Literatur beinhaltet. Diese Literatur wird zum Akt der Selbstreflexion, oder, wie ich 1973 in einem Aufsatz mit dem Titel *Surfiction: A Position* schrieb: »Literatur wird zur Metapher ihres eigenen narrativen Prozesses, sie wird sich selbst herstellen, während sie verfaßt wird. Das heißt allerdings nicht, daß der Roman der Zukunft nur ein Roman eines Romans ist, sondern daß er eine Art des Schreibens hervorbringen wird, eine Art Diskurs, eine Art von Realität – EINEN WIRKLICH FIKTIVEN DISKURS –, dessen Form die einer Befragung ist, einer endlosen Befragung dessen, was er tut, während er es tut, eine endlose Denunziation seiner eigenen Betrügerei, dessen was ER wirklich ist: eine Illusion, eine Fiktion, so wie das Leben eine Illusion, eine Fiktion ist.« Anders ausgedrückt, die Fiktion wird nun zu einer endlosen Suche, zu einer Suche allerdings, die alles, was sie entdeckt und alles, was bei der Niederschrift formuliert wird, sogleich wegwischt und auslöscht.

In seinem Roman mit dem Titel *Out* sagt Ronald Sukenick (der nicht der wirkliche Autor, sondern der mythische Autor-Protagonist gleichen Namens ist): »Ich möchte einen Roman schreiben, der sich ändert wie eine Wolke, die vorüberzieht.« In meinem Roman *Take It or Leave It* entgegnet der Erzähler namens Federman Sukenick: »Ich möchte einen Roman schreiben, der sich selbst auslöscht, während er vorüberzieht.«

Diese beiden Aussagen schlagen eine Art des Schreibens vor, die alles verneint, was immer auch an flüchtigen Schlüssen gezogen wird, und tatsächlich sind beide Romane gute Beispiele für ihr eigenes System der Selbstauslöschung: Sukenicks Roman durch einen Prozeß linguistischen Verkleinerns und Verschwindens, Federmans durch einen Prozeß des Abschweifens und Ausradierens. In gewisser Hinsicht funktiert die wissenschaftliche Forschung auf ähnliche Weise, wenn sie in einer Folge von Experimenten die Wahrheiten von Gestern zerpflückt.

Eins ist deutlich, wir müssen uns immer stärker darüber klar werden, daß die moderne Kunst sich selbst auslöscht. Die Maschine Tinguelys arbeitet, um sich selbst vor den Augen des Betrachters zu zerstören. Die leere Seite und die weiße Leinwand tun so, als leugneten sie ihre Existenz.

Avantgarde-Musik löst sich selbst auf in Stille oder Chaos. Die Literatur schreibt sich selbst zum Nonsense fort – oder um mit dem Titel eines Beckett-Textes zu spielen: Literatur strebt nach LOSIGkeit.

Moderne Kunst und Neue Literatur machen deutlich, daß wir in einer andauernden Übergangssituation existieren und von vorüberziehenden Landschaften umgeben sind. Angesichts dieser Veränderlichkeit des Lebens und der Welt wird die Literatur mit ihrer eigenen Unmöglichkeit konfrontiert. Doch da die Schriftsteller nicht aufhören, trotz dieser Unmöglichkeit Prosa (oder Gedichte) zu schreiben, kann man genauso gut sagen, daß die Literatur nichtsdestotrotz mit der Suche nach neuen Möglichkeiten fortfährt. Sie sucht in sich selbst nach einem neuen Subjekt, weil das Subjekt nicht mehr länger außerhalb des Kunstwerkes steht, nicht länger Natur oder Mensch ist.

Also gibt es Gedichte über das Dichten, Theaterstücke über Theater, Romane über Romane. Zum Beispiel Gedicht/Erklärung von John Ashbery oder Francis Ponge; der Roman in der Spirale (*en abyme*), der um seine eigene Befragung kreist (Michel Butor, Claude Simon, John Barth, Walter Abish, Julio Cortázar). Und in der Weiterführung davon gibt es Romane ohne Figuren (George Perec, Maurice Roche, George Chambers), und sogar Geschichten ohne Personalpronomina (Philippe Sollers, Raymond Federman). Eine Literatur, die sich den OBJEKTEN nähert, statt SUBJEKTE zu beschreiben. Eine Literatur, die den Leser austrickst (Vladimir Nabokov, Harry Matthews, Walter Abish, Italo Calvino). Eine Literatur, die sich aller alten Dünkel, Haltungen und Täuschungen entledigt. Eine Literatur, die verbraucht scheint und sich dennoch zu sterben weigert. Eine LITERATUR DER ERSCHÖPFUNG, wie John Barth sie genannt hat.

Diese Krise des Wissens wurde in unserer Zeit allerdings

nicht erst durch das Auftauchen des Neuen Romans deutlich. Man spürte dies schon in der Mitte des 19. Jahrhunderts – als erkenntnistheoretische und existentialistische Krise. Alle großen Denker und Philosophen seit der Mitte des letzten Jahrhunderts haben versucht, Wege zur Erlösung aufzuzeigen, Möglichkeiten, ein Gefühl der Stabilität und Kontinuität zu vermitteln und der Welt und dem Menschen einen Sinn des Weiterbestehens zu verleihen. Darwin mit seiner Evolutionstheorie; die Positivisten (wie Renan und Auguste Comte) mit ihrer Betonung der Fakten; Bergson mit der Idee des kreativen Gedankens, der auf Bewegung und Dauer beruhe; Einstein mit seiner Relativitätstheorie; Bertrand Russell mit seinem logischen Anatomismus; und die Phänomenologen natürlich, mit ihrem Beharren auf dem Sein; und jenseits davon die Existentialisten mit ihrem Konzept von Freiheit. Nietzsche war vielleicht der einzige, der den Bruch erkannte und die Fragmentarisierung der Welt und der Sicht der Menschen auf die Welt postulierte.

Auch viele Künstler und Schriftsteller versuchten, die Weltsicht vor der kontinuierlichen, stabilen und festen Abfolge von Ereignissen zu retten und zu erhalten. Realismus und Naturalismus betonten die logisch aufeinanderfolgende Kontinuität der Erfahrung. Doch in den meisten Fällen nutzten die großen Künstler und Schriftsteller zu Ende des 19. und im 20. Jahrhundert diese Krise des Wissens als Quelle ihrer Inspiration.

Tatsächlich wurden Fragmentierung, Inkohärenz, Diskontinuität, Montage, Collage, Nonsense, Abstraktion, Zufallsgeschehen, Automatismus, »stream of consciousness« usw. zu den wichtigsten Elementen der großen Kunst im 20. Jahrhundert. Die Malerei verwischte im Impressionismus, Kubismus und Konstruktivismus die Linien des Realen und wandte sich der völligen Abstraktion zu, also der völligen Beseitigung der Realität. In der Poesie beseitigten Symbolisten wie Rimbaud, Lautréamont, Mallarmé (zumindestens in Frankreich) die konventionellen Formen und die poetische Sprache. Und mit den Dadaisten, den Futuristen und den Surrealisten zerfiel die gesamte Logik der diskursiven Sprache. In der Literatur verlief dieser Fortschritt (besser gesagt: Prozeß) langsamer (vielleicht weil das Biest des Realismus ihn ständig aufhält), außer vielleicht in James Joyces *Finnegans Wake*, einem Roman, der Bedeutungen absichtlich verwischt und im Ergebnis ein gigantisches verbales Bollwerk der Unlesbarkeit bleiben wird.

Anders ausgedrückt: in einer Zeit, in der die Welt anscheinend unverständlich wird, beginnen Dichter, Künstler, Schriftsteller zu erkennen, daß die wirkliche Welt woanders liegt – *Ailleurs,* sagt Henri Michaux in einem Buch gleichen Namens (dt.: *Reise nach Groß-Garabannien*). Das ist eine Welt, die wir nicht länger kennen, sondern die wir uns vorstellen, die wir erfinden müssen.

Die wirkliche Welt finden wir nun in der Sprache, aber nicht im konventionellen rhetorischen und syntaktischen Diskurs, der die Literatur an die Wirklichkeit kettete – an die bekannte Welt, die kohärente, kontinuierliche, ausdrückbare Welt, in der Worte und Dinge (*Les Mots et les Choses* (dt.: *Die Ordnung der Dinge*), wie Michel Foucault so deutlich klarstellte) aneinanderklebten. Die wirkliche Welt liegt nun in der Sprache, wird durch Sprache wiedererschaffen – durch L'Alchimie du verbe, wie Rimbaud es schon in seinem Werk herausgefunden hat.

Natürlich sind nicht alle Schriftsteller bereit, dieses neue Konzept einer Welt ohne vor-herrschende Bedeutung zu akzeptieren, eine Welt des Nicht-Wissens. Die Positivisten (und davon gibt es noch sehr viele unter uns) möchten das Wissen festigen und logischerweise also auch gleichzeitig die Sprache. Doch das ist eine falsche Zuflucht. Der logische

Positivismus will der Welt einen Sinn abringen, setzt aber der Sprache Grenzen angesichts der Begrenztheit der Realität. »Die Grenzen meiner Welt« so Wittgenstein, »sind die Grenzen meiner Sprache. Was nicht gesagt werden kann, hat keine Bedeutung.« Wittgensteins Aussage ist offensichtlich als antimetaphysische Feststellung zu deuten, rationalisiert aber dennoch die Sprache.

Demgegenüber propagiert die Neue Literatur, statt die Begrenztheit des Möglichen zu akzeptieren, die Grenzenlosigkeit der Sprache ins Unmögliche hinein. Sie zielt auf Bereiche jenseits des Rationalen, wo Realität und Einbildung, Vergangenheit und Zukunft, Bewußtsein und Unterbewußtsein, und sogar Leben und Tod keine Gegensätze mehr sind. Die Neue Literatur stellt das Kommunizierbare nicht mehr dem Nichtkommunizierbaren gegenüber, das Sinnvolle dem Sinnlosen, denn es liegt ebenso viel Wert im Nicht-Sinn-machen wie im Sinnmachen. Das ist nur eine Frage der Richtung.

Viele Figuren in der Neuen Literatur existieren jenseits der Realität, sogar jenseits des Lebens, in einem absurden Zustand nach dem Leben oder in einer unlogischen Endlichkeit und Unsterblichkeit außerhalb jeden Widerspruchs. Von Raum und Zeit befreit umherwandernd, wie zum Beispiel in Calvinos Romanen *Cosmicomics* (dt.: *Cosmicomics*) und *t/zero,* brauchen diese Figuren keine Begründung mehr für ihre Aktivitäten, da sie nur als WORT/WESEN existieren.

In der Neuen Literatur wird das Unmögliche möglich, weil sich die Sprache analytischer Logik entzieht. Sprache akzeptiert Widersprüche, sie erfreut sich geradezu daran. Eine Sprache, die mit Wiederholungen und Verwandlungen spielt und die konventionelle Syntax und Typographie aushebelt, um die Welt noch unverständlicher zu machen.

Wie also kann der Gegenwartsschriftsteller *engagé* sein – sozial oder politisch gebunden –, da es, um im Sinne Sartres *engagé* zu sein, einer verstehbaren und erkennbaren Welt, einer Welt stabiler und akzeptierter Werte bedarf? Das ist der Hauptgrund, warum Sartres Idee einer literarischen Verpflichtung scheiterte. Indem er alle Schriftsteller verpflichten wollte, sich auf ein System moralischer, sozialer und politischer Werte zu verständigen, schloß er die Möglichkeit der Erkundung und Erfindung anderer Systeme aus. Der einzige Aspekt von Sartres Gedanken, der heute noch Gültigkeit hat, ist der der Freiheit; einer Freiheit allerdings, die nicht notwendigerweise politisch, sozial oder moralisch gebunden ist. Sie meint vor allen Dingen eine linguistische Freiheit – Redefreiheit, könnte man sagen. Eine Freiheit, in der Lage zu sein, alles und jedes zu schreiben auf jede mögliche Art. In dieser Hinsicht wird die linguistische Freiheit, das Unmögliche zu erkunden, so bedeutsam und so subversiv wie das, was Sartre vor mehr als vierzig Jahren vorgeschlagen hat.

Man kann natürlich stets argumentieren, daß es nichts zu sagen gibt, da es nichts zu wissen gibt, oder wie Robert Pinget es einmal ausdrückte: »Was gesagt wurde, ist niemals gesagt worden, da man es auch anders sagen kann.« Und es stimmt, daß ein Großteil der Neuen Literatur aus der eigenen linguistischen Unzulänglichkeit schöpft, auszudrükken, was nicht ausgedrückt werden kann und sich so selbst zu erschaffen scheint, während sie sich selbst auslöscht. Doch da nichts gesagt worden ist, da nichts gesagt werden kann, da man es stets auch anders ausdrücken kann, ist der Schriftsteller nun frei von dem, was ihn aussperrte, was ihn negierte oder was ihm vorschrieb, worüber er schreiben sollte.

In einem kontroversen Aufsatz mit dem Titel *Argument für einen neuen Roman* (aus dem Jahre 1956) betont Alain Robbe-Grillet die Absurdität und die Unmöglichkeit, die Welt zu SAGEN: »Die Welt ist weder bedeutend noch absurd. Sie IST ganz einfach. Das ist jedenfalls das bemerkenswerte an ihr. Und plötzlich trifft uns die Überdeutlichkeit dieser Tatsache wie ein Schlag. Plötzlich kollabiert die ganze wunderschöne Konstruktion; unsere Augen plötzlich öffnend, haben wir einmal zu oft den Schock dieser starrköpfigen Realität erlitten, von der wir vorgaben, sie im Griff zu haben. Um uns herum SIND die Dinge und leugnen den lärmenden Haufen unserer animistischen oder beschützenden Adjektive. Ihre Oberflächen sind deutlich erkennbar und glatt, heil, weder verdächtig glänzend noch durchsichtig. All unsere Literatur hat es nicht einmal geschafft, auch nur ihre kleinste Ecke abzutragen, ihre kleinste Krümmung abzuschleifen.«

Als Folge davon taucht in dieser Unmöglichkeit, die Welt in Worte zu fassen, die ungeheuerliche Möglichkeit auf, daß nun alles gesagt werden kann, daß alles kurz davor steht, ERNEUT gesagt zu werden. Das erklärt, warum man in vielen Werken der Neuen Literatur lange mäandernde Sätze findet, trunkene verbale Äußerungen, Wiederholungen, Listen, Fragen ohne Antworten, zerschnittene Wortpakete, leere Flächen, wo Wörter stehen sollten, ein ganzer Mechanismus der Montage und Collage. All dies, als ob Sprache und Literatur sich inventarisierten, um die Dinge so angehen zu können, wie sie sind, um die Welt neu zu bewerten, die Gegenstände, die Menschen, ohne ihnen jedoch eine vorgefertigte Bedeutung anzuhängen.

Tatsächlich kommt einem ein Großteil der Neuen Literatur vor wie ein Katalog dessen, WAS IST in der Welt, WIE ES IST (wie Beckett einen seiner Romane nannte), und nicht länger als das, was wir von der Welt zu wissen glaubten. Hinter dem Projekt der Neuen Literatur verbirgt sich eine Anstrengung, eine Ehrlichkeit, die Suche nach einer neuen Wahrheit; eine ernsthafte Anstrengung, die Dinge, die Welt und den Menschen an ihre angestammten Plätze zu setzen –

in einer reineren Form. Auch dies ist, meiner Meinung nach, eine Form literarischer Verpflichtung. Diese Klarsichtigkeit, diese extreme Dringlichkeit der Wahrheit macht die Ehre der Neuen Literatur aus, zu einer Zeit, in der die Literatur (oder was man auf den Bestsellerlisten als solche bezeichnet) allzu oft inkonsequentes Netzwerk aus Illusionen und Träumen bleibt, daß eine obsolete Weltsicht verewigt.

Diese Klarheit, diese Suche nach einer neuen Wahrheit, die oft die Form von Selbst-Bewußtsein annimmt, findet man bereits in den Werken Antonin Artauds; diese Klarheit zwang ihn, jenen, die ihn angriffen, weil er der Sprache zuviel Bedeutung beimesse, zu erwidern:

»Sie begreifen meine Gedanken nicht ... Ich kenne mich, weil ich mein eigener Beobachter bin, ich bin Antonin Artauds Zuschauer ... Ich bin derjenige, der das verwirrende Vermischen seiner Sprache in Beziehung zu seinen Gedanken am stärksten gespürt hat. Ich bin derjenige, der den Augenblick dieser höchst intimen, kaum wahrnehmbaren Verschiebungen am stärksten wahrgenommen hat.«

Seine eigene Existenz und seine Sprache in Frage zu stellen, wird in der Neuen Literatur zu dessen wichtigster Rechtfertigung – wenn sie denn eine Rechtfertigung braucht.

Die Welt, auf Nicht-Sinn, Nicht-Bedeutung, Nicht-Wissen zurückgeführt, ist nicht länger erkennbar oder erklärbar, sie ist so, wie sie jetzt in der neuen Literatur erscheint, ERFAHRBAR, ERLEBBAR, allerdings nicht länger als Bild (Repräsentation) oder als Ausdruck (vages Gefühl) dessen, was wir geglaubt haben, daß sie es sei, sondern als neu erfundene, neu entdeckte Realität – geläuterte Realität.

2. Lektion

Selbstreflexive Literatur oder Wie man sie los wird

Spricht man Anfang der neunziger Jahre von der selbstreflexiven Literatur, dann ist man geneigt, mit einem Seufzer der Erleichterung festzustellen, daß wir sie »endlich losgeworden sind« und daß wir genug haben von dieser ärgerlichen, irritierenden, erschöpfenden Form der Erzählkunst. Doch wenn die selbstreflexive Literatur am Ende ist, wenn wir genug haben von ihren Gimmicks, ihrer Verspieltheit, ihrem Narzißmus und ihrer Genußsucht, dann sollte man fragen: Was haben wir daraus gelernt? In welcher Weise hat die Selbstreflexivität die Literatur interessanter oder gar bedeutsamer gemacht? In welchem Maße haben die Fragestellungen der Selbstreflexivität den Roman von obsoleten Konventionen befreit? Und weiter: In welchem Maße ist die Selbstreflexivität in die heutige Literatur eingeflosssen, ist sie akzeptiert und gar marktfähig geworden?

Während die selbstreflexive Literatur in den vergangenen zwei Jahrzehnten ihre Tricks vorführte und darauf beharrte, den Leser ins Vertrauen zu ziehen mit der Feststellung, daß der Text die einzige Wahrheit sei (kein Spiegelbild, sondern ein Bild seiner selbst), waren die Kritiker schnell dabei, darauf hinzuweisen, daß daran nichts Neues sei, daß es dies schon früher gegeben habe, und verwiesen den selbstreflexiven Fiktionär (mit eingeklemmtem Schwanz) zurück auf *Tristram Shandy* von Laurence Sterne (dt.: *Leben und Meinungen von Tristram Shandy Gentleman*) oder andere solche »lächerlichen und anormalen« Romane des 18. Jahrhunderts, die selbstreflexive und selbstbewußte Techniken anwandten und mißbrauchten, zum Guten oder zum Schlechten. Und trotzdem, die Geschichte des Romans wäre ohne solche Romane wie *Tristram Shandy* oder Diderots *Jacques le Fataliste* (dt.: *Jakob und sein Herr*), um nur zwei dieser sogenannten lächerlichen und anormalen Romane zu erwähnen, unvollständig und unverständlich.

Natürlich sind Selbstreflexivität und Selbst-Bewußtsein nichts Neues im Roman. Das sind keine Erfindungen der sechziger und siebziger Jahre. Eigentlich handeln alle Werke der Dichtkunst letztlich von sich selbst, von ihrem Werdegang ins Sein und ihrer fortdauernden Existenz. Soviel ist jedem gründlichen Leser bereits klar. Ob nun selbstreflexiv oder einfach reflexiv, Literatur wendet sich ständig nach innen und nimmt den Leser als Text in sich auf, als weitergehende Erzählung, und noch bevor der Leser weiß, was ihm geschieht, erzählt der Text ihm etwas über sich selbst. Das ist die fundamentale Wahrheit aller Literatur: Sie ist stets *implizit* reflexiv.

Der selbstreflexive Text allerdings beschäftigt sich *explizit* mit dem Prozeß des Erzählens, mit dem Schreiben, mit Komposition. Anders ausgedrückt: selbstreflexive Literatur enthüllt die Geheimnisse ihrer eigenen Erschaffung.

»An diesem Punkt der Geschichte«, stellt Melville zu Beginn des 4. Kapitels von *Billy Budd* (dt.: *Billy Budd*) fest, »haben einige Umwege eine derartige Faszination, daß man kaum widerstehen kann, so sehr man auch auf der Hauptstraße bleiben möchte. Ich werde einen solchen Umweg machen. Wenn der Leser mir Gesellschaft leisten will, so sollte es mich freuen. Wenigstens kann ich uns das Vergnügen versprechen, von dem man sagt, daß es niederträchtigerweise in den Sünden stecke, denn die Abschweifung wird eine literarische Sünde sein.«

Zu verschiedenen Zeiten in der Geschichte der Literatur beging der Roman »die Sünde der Abschweifung«, wann immer dies zur Bestätigung oder Bekräftigung seines eigentlichen Zieles vonnöten war; infolgedessen wurde die Selbstreflexivität, die nur eine Form der Ablenkung ist – eine Abschweifung von der Geschichte – immer dann expliziter, deutlicher, wenn der Roman sich von einem verbrauchten Kontext lösen wollte, um sich in einen neuen Kontext zu versetzen. Wie auch immer, die Erzählkunst war immer schon fasziniert von der Geschichte der Geschichte. Diese Faszination des Romans von sich selbst, die sich oft in Verspieltheit verwandelt, beginnt mit Cervantes *Don Quijote* (dt.: *Don Quixote von der Mancha*), taucht aber auch in *Gargantua et Pantagruel* (dt.: *Gargantua und Pantagruel*), dem großen Werk Rabelais' auf, und sie findet ihren deutlichsten Ausdruck in Laurence Sternes *Tristram Shandy*, in dem der Autor-Erzähler-Protagonist (also der Text selbst) den Leser direkt anspricht: »Sie müssen ein wenig Geduld haben. Ich habe mir nämlich vorgenommen, nicht nur mein Leben ... zu erzählen, sondern Ihnen auch meine Ansichten ... zu unterbreiten.« (Sechstes Kapitel)

Dies ist explizites Selbstbewußtsein, und nicht alle Leser sind gewillt »Geduld« zu haben, während der Autor seine »Ansichten« unterbreitet oder sich von der Geschichte entfernt. Ungeduldige Leser, die ihre Fiktion ohne Umschweife haben wollen, ohne daß der Autor damit herumspielt, sind schnell mit einem Ausruf der Frustration bei der Hand: Hör auf mit dem Quatsch und mach endlich weiter mit der Geschichte!

Wäre *Tristram Shandy* nur eine Ausnahme, eine Anomalie in der Geschichte des Romans, könnte man geneigt sein, diese Ausnahme zu ignorieren, sie zu überspringen und mit der Geschichte fortzufahren. Doch am Wegesrand (von Cervantes bis Samuel Beckett und anderen Gegenwarts-Surfiktionären, wie ich sie nenne), stößt man auf so viele wunderbare Ausnahmen, daß man sich fragt, ob nicht tatsächlich die Geschichte, die konventionelle realistische Geschichte selbst die Ausnahme ist. Allerdings durchläuft die selbstreflexive Literatur verschiedene Stadien der Kultivierung, während sie im Laufe der Zeit bis zur Gegenwart nach und nach die mimetischen Täuschungen des Realismus abstreift.

Schon zwischen *Tristram Shandy* und *Jacques le Fataliste* gibt es deutliche Unterschiede in der Anwendung der Selbstreflexivität, die das Maß der realistischen Illusion bestimmen; dabei sind beide Romane fast Zeitgenossen. Obwohl Sterne die Chronologie durch Abschweifungen und Ansichten unterbricht, verankert er die Ereignisse in seinem Roman fest in Zeit und Raum. Seine Figuren mögen merkwürdig sein, sind aber dennoch mit allen Einzelheiten ausgestattet, so daß der Leser an ihre tatsächliche Existenz in einer recht realen Welt glauben mag. Im Gegensatz dazu erschafft Diderot einen Ort, einen Raum, den man in der Landschaft des Romans nie zuvor gesehen hat: eine zeitlose Bühne ohne Szenerie (ähnlich der Bühne in den Stücken und Romanen Samuel Becketts), auf der die Figuren eher als Stimmen fungieren denn als vollentwickelte Persönlichkeiten. Wenn man Jacques und seinem Meister zuhört, so hat man stets das Gefühl, daß sie aus einem Buch heraus und nicht in Wirklichkeit sprechen. Und dennoch kenne ich keinen faszinierenderen, engagierteren und natürlich selbstreflexiveren Romananfang als den von *Jacques le Fataliste:*

»Wie begegneten sie sich? Per Zufall, wie alles. Wie hießen sie? Was gehts dich an? Wo kamen sie her? Vom nächstgelegenen Ort. Wohin gingen sie? Weiß man denn wirklich, wohin man geht? Was sprachen sie? Der Meister sagte nichts, und Jacques sagte, daß sein Hauptmann sagte, daß alles was uns auf Erden zustieße, gutes oder schlechtes, oben geschrieben stünde.«

Sicher macht die spielerische Selbstreflexivität *Jacques le*

Fataliste zu dem großen witzigen Buch, das es ist, und dies, weil Diderot nicht nur mit dem Text spielt, sondern seinem Leser auch die Möglichkeit gibt, an der Fiktion teilzunehmen: »Nein, nein. Von all den verschiedenen möglichen Orten, die ich gerade aufgezählt habe, such dir den zur gegenwärtigen Situation passenden heraus.« Und um dem Ganzen noch eins draufzusetzen, verführt Diderot den Leser zu einem gemeinsamen Spiel der Selbstreflexivität, während er vorgibt, sich über die Ungeduld des Lesers zu ärgern:

»Wo? – Wo? Leser, du bist von einer nachgerade entnervenden Neugier! Was zum Teufel macht das schon? Selbst wenn ich dir sagte, daß es in Pontoise stattfand oder in Saint-Germain oder in Notre-Dame de Lorette oder Saint-Jacques de Compostelle, ginge es dir dann besser? Wenn du darauf bestehst, werde ich dir sagen, daß sie auf – ja, warum nicht? – auf ein riesiges Schloß zugingen, über dessen Eingang geschrieben stand: Ich gehöre niemandem und ich gehöre allen. Du warst schon hier vor deiner Ankunft, und du wirst hierbleiben nach deiner Abreise.«

Es wird deutlich, daß Diderot, wie Sterne und zahlreiche andere große Schriftsteller danach, begriffen hat, daß der Roman der Inschrift über dem Eingang zu dem imaginären Schloß entspricht, das er spontan erfindet: Der Roman gehört niemandem und er gehört allen. Wir (als Leser) waren hier, bevor wir eintraten, und werden noch immer hier sein, wenn wir wieder gegangen sind. Dies heißt auch, daß der Leseprozeß gemessen werden kann an dem Willen des Lesers, sich an der Selbstreflexivität des Textes zu beteiligen – oder sich einbeziehen zu lassen. In dieser Hinsicht kann sich der Leser entweder allein von der Geschichte faszinieren lassen (die ihn auf seine eigene Realität zurückwirft) oder davon, wie die Geschichte erzählt wird (was ihn in der Fiktion gefangenhält). Das beste Beispiel aus der Gegenwartsliteratur für diese Art direkter Leserbeteiligung ist das wunderschöne Buch von Italo Calvino mit dem Titel *Wenn ein Reisender in einer Winternacht.*

Man könnte endlos damit fortfahren, Abschnitte aus großen Romanen der Vergangenheit zu zitieren, die implizit oder explizit selbstreflexiv sind, denn offensichtlich sind die meisten Werke der Literatur selbstreflexiv oder selbst-bewußt, wenn auch in verschiedenem Maße. Allerdings ist der Unterschied zwischen Selbstreflexivität und Selbst-Bewußtsein in der Literatur, besonders in Bezug auf den Gegenwartsroman, keineswegs klar, und Kritiker haben diese Begriffe häufig durcheinandergeworfen. Deshalb scheint es mir an dieser Stelle angebracht, diese Frage nach dem Unterschied zu stellen und zu verdeutlichen.

SELBST-BEWUSSTSEIN, und das verwirrt den Leser häufig, entwickelt eine verständnisvolle Beziehung zwischen Autor und Leser. Diese Beziehung spielt sich über dem Text ab und beschäftigt sich mit dem Prozeß des Lesens. Man könnte sagen, daß es sich um einen Akt, einen öffentlichen Akt auf seiten des Autors handelt, der darauf abzielt, den Leser in die Privatsphäre des Textes zu ziehen. Das funktioniert so ähnlich wie ein Fenster, das man von außen öffnet, um dem Leser die Möglichkeit zu geben, dem Autor bei seinen Tricks zuzuschauen.

SELBSTREFLEXIVITÄT fasziniert normalerweise den Leser, baut eine Beziehung zwischen Autor und Text auf und beschäftigt sich als solche mit dem Schreibprozeß. Das ist ein privater Akt, der sich in aller Öffentlichkeit abspielt, da dem Leser erlaubt wird, Zeuge des Spiels und der Beziehung zwischen Autor und Schöpfung zu sein. Sie funktioniert wie ein Spiegel im Text, der nur den Text selber widerspiegeln kann. Natürlich überschneiden sich Selbst-Bewußtsein und Selbstreflexivität häufig in ein und demselben Roman und sind nicht immer zu unterscheiden, denn beide verwenden dieselben Werkzeuge (Parodie, Ironie, Abschweifung, Verspieltheit), um die illusionären Aspekte der Geschichte zu entmystifizieren.

Der fundamentale Unterschied zwischen jener Art expliziter Selbstreflexivität, die man im Roman des 18. Jahrhunderts antrifft, und jener Art, wie sie im neuen amerikanischen Roman am Werk ist, liegt darin, daß der eine über sich selbst reflektierte, seine Geheimnisse preisgab und seine Möglichkeiten in Frage stellte, um sich selbst als respektiertes Genre zu etablieren, zu einer Zeit, als der Roman als frivol und sogar unmoralisch angesehen wurde; wohingegen der andere ähnliche Techniken anwendet, um sich selbst von den Forderungen und Betrügereien des Realismus und Naturalismus zu befreien. Im ersten Falle war dies für den Roman eine Frage, wie eine kontinuierliche Fortschreibung zu erreichen sei, im zweiten hingegen eine Frage, wie man einen Bruch schaffen konnte, um ein »erschöpftes« Genre wiederzubeleben – ein Genre, das nicht länger in der Lage war, die extravaganten Ansichten der modernen Realität über Zeit und Raum zu beherbergen und auszudrücken.

Die Veröffentlichung von William Borroughs' *Naked Lunch* (dt.: *Naked Lunch*) im Jahre 1959 markiert die Geburt dieses selbstreflexiven Romans in den USA. Borroughs schreibt in *Naked Lunch:* »Die Welt läßt sich nicht länger ausdrücken, sie läßt sich vielleicht durch ein Mosaik von Widersprüchlichkeiten andeuten, wie in einem Hotelzimmer zurückgelassene Gegenstände, definiert durch Negativa und Abwesenheit.«

Und sicherlich sind »Negativa und Abwesenheit« genau die Begriffe, mit denen sich die Literatur am besten beschreiben läßt, die von den herausragenden Schriftstellern der sechziger Jahre verfaßt wurde. William Borroughs, Flannery O'Connor, John Hawkes, Kurt Vonnegut Jr., John Barth, Richard Brautigan, Thomas Pynchon, Ishmael

Reed, Jerzy Kosinski, William Gass, Robert Coover, Donald Barthelme und viele andere bilden eine erste Gruppe, eine erste Welle der Fiktionäre (die häufig postmodern genannt wird, die ich selber aber lieber selbstreflexiv nenne), die absichtlich den literarischen Tendenzen zuwiderhandelten, die man damals als Moderne bezeichnete.

Bereits in den fünfziger Jahren fingen diese Schriftsteller an, die Begriffe anzuzweifeln, die die modernistische Literatur definierten – jene Elemente der Beschreibung und Repräsentation sozialer Realität und deren Sprache, und jenen Formalismus (»stream of consciousness«, innerer Monolog, psychologische Tiefe, synkopische Syntax), der mit der Beschreibung eines Subjekts in einen fiktiven Text verknüpft war.

Allerdings läßt sich daraus nicht ableiten, daß diese Schriftsteller eine einheitliche Bewegung bildeten, zu der man eine stimmige Theorie hätte entwickeln können. Ganz im Gegenteil, die neue Literatur war charakterisiert durch eine Vielstimmigkeit, die einer kritischen Einordnung und rationalen Interpretation zuwiderlief (oft zur Verzweiflung der Kritiker).

Man könnte also sagen, daß die neue Literatur sich als *Durcheinander* darbot, und daß Wirrwarr, absichtliches Chaos, Fragmentarisierung, Diskontinuität und Dislozierung zu ihren hervorstechenden Merkmalen gehörten. Doch in dieser Vielstimmigkeit, in diesen Stimmen, die sich über der zerstörten (und erschöpften) Landschaft der Literatur gegenseitig antworteten, lag ein gemeinsames Ziel, das Jerome Klinkowitz (einer der wenigen Kritiker zu jener Zeit, die der neuen Literatur aufgeschlossen gegenüberstanden) locker unter dem Begriff LITERARY DISRUPTIONS (Literarische Verwürfe) zusammenfaßte (so der Titel seiner fruchtbaren Studie über die von ihm so genannte »Post-Gegenwarts-Literatur« aus dem Jahre 1975).

Es ist richtig, daß diese neue Literatur eine verwirrende Vielschichtigkeit entwickelte, während sie die modernistische Tradition unterlief und deren mimetische Funktion ablehnte. Während der neue Roman über sich selbst reflektierte, über seine eigenen Mittel und Möglichkeiten, bot er sich selbst als Sammlung von Bruchstücken dar, als verwirrenden Musterkatalog, als Montage oder Collage verschiedenster Elemente. Diese Tendenz, Unzusammenhängendes und gar Widersprüchliches zusammenzutragen, stand im Gegensatz zu jener Art Literatur, die auf metaphorischer und symbolischer Darstellung von Realität beruhte. Infolgedessen wurde der neue Roman von den meisten Kritikern als eine Form betrachtet, die gefangen war zwischen Paranoia und Schizophrenie, als verharre sie zwischen Vereinigung und Trennung, und sei so nicht in der Lage, sich deutlich und logisch auszudrücken, nicht in der Lage, unter die Oberfläche vorzudringen. Was damals nicht klar begriffen wurde, war, daß diese »Oberflächenliteratur« (wie sie tatsächlich genannt wurde) sich absichtlich weigerte, in die alte psychologische Falle der Moderne zu tappen.

Der traditionelle Roman beschrieb und erklärte weiterhin die Realität und unternahm den Versuch, dieser Realität eine gewisse Moral, vielleicht gar spirituelle Ordnung zu verleihen; dabei beruhte er auf den obsoleten Formeln des Realismus und des Naturalismus. Der neue Roman (der sich an den Rändern des literarischen Establishments entwikkelte) suchte nach Wegen, die Form der amerikanischen Realität darzustellen – und nicht den Inhalt. Er versuchte ganz konkret, und das sogar sichtbar in Sprache, Syntax, Typographie und Topologie, das Durcheinander, das Chaos, die Gewalt und die Widersprüche, aber auch die Energie und Vitalität der amerikanischen Wirklichkeit darzustellen. In dieser Hinsicht war die neue Literatur der Wahrheit über Amerika näher als der schwerfällige realistische Roman der fünfziger Jahre. Um dies zu erreichen, trug der neue Roman Fragmente jener Realität zusammen, Überbleibsel und Schutt, oder wie Donald Barthelme es nannte, »the American Dreck«, und was Gilbert Sorrentino als *The Imaginative Qualities of Actual Things* bezeichnete (Die phantasievollen Qualitäten realer Gegenstände – zugleich auch der Titel eines seiner eher selbstreflexiven Romane).

Während die modernistische Literatur die alten Mythen und Symbole manipulierte, griff die neue Literatur die damaligen Klischees an und zerstörte sie. In dieser Hinsicht gab es den Bruch mit der modernistischen Tradition. Doch hinter diesem literarischen oder formalistischen Bruch, den die Kritiker nun schon seit geraumer Zeit diskutieren und analysieren, verbirgt sich ein weiterer Bruch, der nun deutlich geworden ist und der bedeutsam ist für das Verständnis des selbstreflexiven Romans: der Bruch zwischen ›offiziellem Diskurs‹ und ›Subjekt‹, der in den Sechzigern auftrat. Mit offiziellem Diskurs meine ich jenen des Staats, jenen des Establishments, und mit Subjekt das Individuum, das den offiziellen Diskurs empfängt, gleichgültig ob dieser nun politischer, ökonomischer, sozialer oder kultureller Art ist.

Die ersten Anzeichen dieses Bruchs gab es um 1960, zeitgleich mit dem Auftreten der neuen Literatur. Vom Ende des Zweiten Weltkriegs bis zur Wahl John F. Kennedys 1960 herrschte in den USA die ungebrochene Beziehung zwischen den Wünschen des Einzelnen und dem Mechanismus, durch den sich Staat und Land darstellten. Mit Staat meine ich nicht nur die Regierung, sondern alle Institutionen, die ein Land hervorbringt, einschließlich der Universitäten und natürlich der Medien-Industrie.

Die fünfziger Jahre waren, zumindestens an der Oberfläche, ein Jahrzehnt des sozialen und ökonomischen Optimismus. Als Folge des Krieges boomte die amerikanische

Wirtschaft, und daraus entstand ein größerer Drang nach höherem Lebensstandard (anders ausgedrückt, in dem wachsenden Wunsch nach Dingen: Autos, Fernseher, Waschmaschinen, Häuser, usw. – viele dieser Gegenstände wurden schnell zu Statussymbolen).

Zur gleichen Zeit festigten die USA ihre Position der Stärke in der ganzen Welt und machten ihren politischen, aber auch ihren kulturellen Einfluß geltend. Der Hauptbegriff im öffentlichen Leben war der Wunsch nach SUCCESS. Anders ausgedrückt: die fünfziger Jahre bildeten eine Periode der *Aufwertung* und *Symbolisierung* des American Way of Life und der amerikanischen Realität. Hinter diesem ökonomischen und geistigen Boom verbarg sich aber ein Gefühl für die Absurdität dieses ganzen Unterfangens – ein Gefühl, gebildet aus den absurden Überbleibseln des Existentialismus, der über den Atlantik nach Amerika geschwappt war und sich nun in den Nachkriegsromanen wie Saul Bellows *Seize the Day* (dt.: *Das Geschäft des Lebens*), John Hawkes *The Cannibals* (dt.: *Der Kannibale*), Bernard Malamuds *The Assistant* (dt.: *Der Gehilfe*), und selbst in John Barths frühen Romanen, *The End of the Road* (dt.: *Ich bin Jake Horner, glaube ich*) und *The Floating Opera*, widerspiegelte.

Die amerikanischen Schriftsteller der fünfziger Jahre waren bekannt als »The Silent Generation« (die schweigende Generation), aber nicht, weil sie nichts zu sagen gehabt hätten oder nichts sagten, sondern weil sie in ihren Arbeiten ein hohes Maß an stillschweigender Übereinkunft mit den offiziellen moralischen, politischen und sozialen Haltungen des Landes zum Ausdruck brachten. Dennoch durchdrang ein Gefühl für das Absurde die meisten der in jenem Jahrzehnt veröffentlichten Romane (ich denke da an die Romane von Saul Bellow, Norman Mailer, J.D. Salinger, Bernard Malamud, William Styron, Herman Wouk und vielen anderen), allerdings drang dieses Gefühl nie an die Oberfläche. Erst mit Joseph Hellers 1961 erschienenem *Catch 22* (dt.: *Catch 22*) brach die Absurdität des Zweiten Weltkriegs in selbstbewußter Manier hervor. Dennoch aber bot die Literatur der fünfziger Jahre (außer dem Aufruhr, hervorgerufen durch die Beat Generation, wohl eher aber wegen der Persönlichkeiten und nicht wegen der literarischen Werke) eine eher optimistische und moralistische Lösung für die anstehenden Probleme.

Als Präsident Kennedy sein Amt antrat, waren die USA bereit, jene Art von elektrifiziertem und elektronischem Bild zu akzeptieren, das er über die Massenmedien verbreitete und welches sich schnell im amerikanischen Bewußtsein einnistete. Und genau dieses Bild, dieses vergeistigte Bild, besonders wenn es im Fernsehen erschien, prägte das Subjekt, anders ausgedrückt: das amerikanische Volk. Die Botschaft und das Bild, personifiziert in Kennedy, bot sich dem Volk als Bastion des rationalen Diskurses an, der letztlich über den irrationalen Diskurs gesiegt hatte, der zur Nazi- und zur Faschistenpolitik geführt hatte, und der nun ganz deutlich auch die kommunistische Ideologie und Handlungsweise bestimmte; in Budapest 1956, in Kuba 1962 und in anderen Teilen der Welt. Anders ausgedrückt, das offizielle Bild und die Botschaft der fünfziger und frühen sechziger Jahre schienen gut, ehrlich, wahrheitsliebend und wenn nötig auch stark. Die meisten Romane aus jener Zeit reflektierten ein ähnliches Bild und vermittelten eine ähnliche Botschaft. Wenn also Kennedy lächelte, dann hieß das, daß er glücklich war, und Amerika war auch glücklich. Wenn er mit Grabesstimme sprach und erklärte, daß das Land durch einen Atomangriff von Kuba aus zerstört werden könnte, dann änderte sich auch die Stimmung des ganzen Landes. Damals herrschte ein Gefühl gegenseitigen Vertrauens zwischen offiziellem Diskurs und Subjekt, so wie es ein Gefühl gegenseitigen Vertrauens auf Seiten des Lesers für die Literatur gab, die in jener Zeit geschrieben wurde. Dieser Diskurs bot sich selbst als persönlicher Freund an, ebenso wie ein Großteil der Literatur, die unmittelbar nach dem Zweiten Weltkrieg geschrieben wurde – eine Literatur leichter moralischer und sozialer Lösungen, die damit ungeheuren Erfolg hatte, wie zum Beispiel Herman Wouks *Marjorie Morningstar* von 1951 (dt.: *Marjorie Morningstar*) oder Norman Mailers *The Deer Park* (dt.: *Der Hirschpark*), erschienen 1955. Deshalb löste die Ermordung John F. Kennedys ein solches Trauma im amerikanischen Bewußtsein aus.

Plötzlich waren die Dinge nicht mehr so gut wie sie schienen. Plötzlich bezweifelte die amerikanische Öffentlichkeit die blanke Wirklichkeit der Ereignisse, dessen Zeuge sie war, besonders im Fernsehen. Es bedurfte bestimmter Fehler der Johnson-Regierung und nachfolgend der Manipulationen und Lügen der Nixon-Regierung, und natürlich des Vietnam-Krieges und des Watergate-Debakels, um die USA aus ihrem Massen-Medien-Zustand der Illusion und des Optimismus zu befreien. Plötzlich tauchte ein genereller Zweifel am offiziellen Diskurs auf, gleich ob gesprochen, geschrieben oder per Fernsehen bebildert. Denn wenn der geschichtliche Inhalt schon durch die Massenmedien manipuliert werden kann, wenn Fernsehen und Zeitungen historische Fakten fälschen oder hervorbringen können, dann ist das das Ende der allgemeinen Übereinkunft zwischen Realität und Vorstellung. Die klare Trennungslinie zwischen Tatsachen und Fiktion verwischt sich. Infolgedessen muß die Geschichte NEU untersucht, NEU betrachtet werden, besonders die aktuellen historischen Ereignisse, wie sie uns über die Massenmedien und über die Literatur vorgeführt, besser gesagt: NEU dargestellt werden.

Am Ende der Watergate-Affäre werden all die offiziellen

Versionen, die sich mit dem Kalten Krieg, mit der McCarthy-Ära, dem Koreakrieg – der nie als Krieg bezeichnet wurde –, den CIA-Aktivitäten in verschiedenen Ecken der Welt und natürlich dem Vietnam-Krieg beschäftigen, angezweifelt, in Frage gestellt und angegriffen; nicht nur in politischen Schriften, nicht nur im ›New Journalism‹, der als Resultat der Vermischung von Fakten und Fiktion als neue Schreibform in den Sechzigern auftaucht, sondern auch im Roman, der eine neue Beziehung zur Wirklichkeit und zur Vergangenheit aufbaut, eine Beziehung, die auf Zweifeln beruht.

Der selbstreflexive Roman, der sich in den sechziger Jahren herausbildete, füllt in gewisser Hinsicht das linguistische Loch, das sich durch die gestörte Verbindung des offiziellen Diskurses mit dem Individuum gebildet hat. Er stellt die Frage nach der Darstellung in der Literatur in den offenen Raum, um sie anzugreifen, nun, da die Trennungslinie zwischen Realität und Vorstellung verschwunden ist.

In einer Welt, in der das Bezugssystem selbst als mystifizierendes elektronisches Bild entlarvt wird, hat die alte Frage nach historischer Wahrheit und Glaubwürdigkeit, also auch die Frage nach der Stabilität des Realen, keine Gültigkeit mehr. Diese Fragen lassen sich unmöglich noch stellen. Wenn der historische Diskurs als Sprache gefälscht wird, werden alle Bezugsmaßstäbe irrrelevant und sogar lächerlich. Diese Erkenntnis löst zwischen 1960 und 1968 die erste Welle der Selbstreflexivität im amerikanischen Roman aus, als dieser beginnt, die historischen und fiktionalen Diskurse Amerikas in Frage zu stellen, aber auch zu veralbern und zu parodieren.

In den meisten dieser Romane bleibt die Syntax normativ, diskursiv und sogar linear und die Erzählweise metonymisch; kühn sind diese Romane allerdings, wenn es um ihre Themen geht; man hat dies als Irrealismus bezeichnet. Die meisten dieser Romane handeln nach dem Prinzip, daß das Geschichtenerzählen nicht völlig eliminiert werden kann, wenn auch die Erzählweise fragmentarisch, diskontinuierlich und ironisch wird, als wenn sie die Kontrolle verloren hätte über den elektronischen Spiegel, in dem das Leben, und in vielen Fällen der Tod, als technologische Absurdität abgebildet wird. Das Ergebnis davon ist als SCHWARZER HUMOR tituliert worden.

Diese Romane stellten Historie und Subjekt als die beiden Gesichter einer ungeheuren Farce dar, in der der Text einfach die absurde Beziehung zwischen den beiden abbildet. Im Roman der sechziger Jahre vermischt sich die offizielle Geschichte mit den pikaresken und burlesken Abenteuern des einzelnen, und die Figuren haben keine andere Substanz als die ihrer fiktiven Persönlichkeit, da sie nun als verbale Wesen existieren; so denunziert der Autor die symbolische Situation, die die Geschichte und das Individuum beeinflußt. Die meisten dieser Romane stellen nichts fest, sie illustrieren nur die Tatsache, daß die Wirklichkeit ein lügenhaftes verbales Gespinst ist; die eine Realität durch eine andere zu ersetzen, wäre ein nutzloses Unterfangen, denn man würde ja nur ein symbolisches System durch ein anderes ersetzen – ein Gespinst von Illusionen durch ein anderes. Nun werden also in diesen Parodie-Romanen alle Abschnitte der amerikanischen Geschichte neu erschaffen, fiktiv und ironisch und selbstreflexiv durchgespielt; dabei werden die Massenmedien oft als Kulisse verwendet, wie zum Beispiel in den frühen Werken von Kurt Vonnegut Jr., Richard Brautigan, Robert Coover, Ishmael Reed und Donald Barthelme.

The Sotweed Factor (1960; dt.: *Der Tabakhändler*) von John Barth erzählt die Kolonialzeit aus einer umgekehrten Perspektive heraus neu; nicht länger sind es die pikaresken und burlesken Abenteuer des Europäers, der in die Neue

Welt kommt, um sein Glück zu machen, sondern die des Amerikaners, der in die Alte Welt zurückkehrt, um seiner verworrenen Herkunft nachzuspüren und sein Unglück zu machen, wobei er die amerikanische Geschichte und dessen Sprache entmystifiziert.

A Confederate General from Big Sur (1964; dt.: *Ein Konföderierter General aus Big Sur*) von Richard Brautigan neutralisiert den amerikanischen Bürgerkrieg und hebt auf diese Weise seine dramatische und traumatische Wirkung in der Absicht auf, dessen Absurdität bloßzulegen.

In *The Origin of the Brunists* (1965) macht sich Robert Coover über die religiösen Sekten Amerikas lustig, indem er einen komplexen Handlungsablauf entwickelt, der auf mythischen und historischen Quellen beruht und schließlich in eine antiformalistische Erlösung mündet; indem er eine bekannte Form mißbraucht, nimmt Coover dem Inhalt dieser Form den Einfluß auf die Menschen.

In *The Free-Lance-Pallbearers* (1967), aber auch in *Mumbo Jumbo* (1972) und *Flight to Canada* (1976), erzählt Ishmael Reed auf satirische Weise die Geschichte der Sklaverei in Amerika; etwa so, als ob der alte Klassiker *Uncle Tom's Cabin* (von Harriet Beecher-Stowe; dt.: *Onkel Toms Hütte*) durcheinandergewürfelt und in umgekehrter Blickrichtung dargeboten würde.

Vor allen Dingen der Zweite Weltkrieg und der Kalte Krieg, Ereignisse, die das Leben dieser Generation von Schriftstellern bestimmten, werden zum Hauptangriffsziel ihrer Parodien. Die meisten Romane in den fünfziger Jahren glorifizierten den Zweiten Weltkrieg als guten und notwendigen Krieg oder gar als großes Abenteuer, trotz seiner tragischen Aspekte. Dabei denke ich besonders an Romane wie *From Here to Eternity* (von James Jones; dt.: *Verdammt in alle Ewigkeit*), *The Young Lions* (von Irwin Shaw; dt.: *Die jungen Löwen*), *The Naked and the Dead* (von Norman

Mailer; dt.: *Die Nackten und die Toten*), *The Caine Mutiny* (von Herman Wouk; dt.: *Die ›Caine‹ war ihr Schicksal*) und an so viele andere vom Krieg inspirierte Romane. Diese Art Literatur wird nun durch die Parodie und Ironie des neuen Romans entmystifiziert und unterminiert.

Catch 22 ist natürlich das beste Beispiel; dazu zählen aber auch Thomas Pynchons *V* (1963; dt.: *V*) und besonders *Slaughterhouse 5* (1968; dt.: *Schlachthof 5 oder Der Kinderkreuzzug*) von Kurt Vonnegut Jr., *The Painted Bird* (1965; dt.: *Der bemalte Vogel*) von Jerzy Kosinski und *Giles Goat-Boy* (1966) von John Barth – Romane, die sich in einem Maße über die neue amerikanische Geschichte lustig machen, daß diese zu einer absurden Farce gerät.

Diese Romane stellen die offiziellen Versionen der historischen Ereignisse in Frage. In den meisten Fällen scheinen die Hauptfiguren nach einer fehlenden Bedeutung in ihrem Leben und Handeln zu suchen. Die meisten sind darum bemüht, ihre Positionen und Ansichten in Bezug auf die Ereignisse zu revidieren, an denen sie selbst beteiligt waren, und sie tun dies häufig auf selbstreflexive Art, in der Doppelrolle als Erzähler und Hauptfigur ihrer eigenen Fiktion. Häufig können sie sich nicht entscheiden, ob sie »Erzähler oder Erzähltes« sind (wie jene grandiose körperlose Figur in Samuel Becketts *The Unnamable* (dt.: *Der Namenlose*) – Muster für viele Romane der sechziger Jahre – über sich selbst sagt).

In *Slaughterhouse 5* kehrt der Autor in Gestalt des Erzähler-Protagonisten der Geschichte unter seinem eigenen Namen, Kurt Vonnegut, an den Ort zurück, wo er am Krieg teilnahm (in diesem Falle Dresden), doch nicht, um sich daran zu erinnern, wie es war, nicht, um noch einmal zu durchleben, was er tat oder sah, nicht, um noch einmal das Gefühl des großen Abenteuers zu empfinden, sondern um seine Sicht jenes tragischen und absurden Augenblicks zu überdenken, zu revidieren. Anders ausgedrückt, Kurt Vonnegut schreibt nicht einfach nur einen Roman, um sich stellvertretend für uns daran zu erinnern, »wie es im Krieg war«, er bietet dem Leser keine Erinnerungen oder Souvenirs vom Kriege, sondern konfrontiert ihn mit den selbstreflexiven Visionen und Revisionen der Ereignisse, an denen der Autor teilnahm, und verwickelt ihn gar darin, um in diesem Prozeß die Absurdität dieser Ereignisse ebenso bloßzulegen wie das Vehikel, mit dem sie vermittelt werden.

Fundamentale Grundlage dieser selbstreflexiven Erzähltechnik sind Absurdität und Zufälligkeit. Die Literaturmaschine scheint ins Leere zu laufen, aber nicht ohne schleichende Ironie und schwarzen Humor. Am Ende dieser verschlungenen Erzählungen findet sich keine richtige »message«, keine Ordnung, keine einfache Lösung, keine pseudo-moralische Aussage, nur ein Text, der sich selbst als eine Art unsinniges Delirium präsentiert, das zu einem Großteil den Unsinn der historischen Ereignisse und das Delirium der Sprache, die benutzt wurde, um diese Ereignisse wiederzugeben, reflektiert.

Obwohl sich dieser ironische Ton in vielen der nach 1968 geschriebenen Werke findet und sich durch die siebziger Jahre zieht, taucht plötzlich eine experimentellere und innovative Form des Schreibens auf: Die Syntax wird pulverisiert und führt in einigen Fällen zu visueller Konkretion, wie in Steve Katz' *The Exagggerations of Peter Prince* (mit drei g's, 1968), Madeline Gins' *Word Rain* (1969) oder William Gass' *Willie Masters Lonesome Wife* (1971). Plötzlich nimmt die Sprache eine Form an, die Ihab Hassan (in Bezug auf meinen Roman *Double or Nothing,* (1971; dt.: *Alles oder Nichts*)) als »visuelle selbstreflexive Üppigkeit ... und typographisches Gelächter« bezeichnete, während das Buch selbst zur Performance wird, in der die Erzählstruktur sich ständig von logischer Folgerichtigkeit und linearer Bewegung weg auf eine spiralförmige Art der Abschweifungen zubewegt, etwas, was ich spielerisch »die Springfrosch-Technik« genannt habe.

In einigen dieser Romane, wie zum Beispiel *Gravity's Rainbow* (1973) von Thomas Pynchon oder *The Public Burning* (1977; dt.: *Die öffentliche Verbrennung*) von Robert Coover, bleibt das Thema weiterhin die Parodie des Zweiten Weltkriegs oder des Kalten Kriegs – Pynchon zeichnet uns ein gigantisches und grotesk verworrenes, absichtlich verworrenes Bild des Kriegs in England, während Coover auf seine ihm eigene lästernde und karnevaleske Art die Geschichte der Rosenbergs erzählt, mit Richard Nixon als zentraler, pathetischer und komischer Figur. Doch wird in diesen und anderen nach 1968 erschienenen Romanen das Element der Parodie schrittweise durch blanke Ironie und explizite Selbstreflexion ersetzt, die der Sprache der Literatur neue Energien verleiht. Zudem lösen der blasphemische Humor und die Verspieltheit dieser Romane nicht nur den ernsthaften schwarzen Humor der frühen postmodernen Romane ab, sondern vor allen Dingen auch die Ernsthaftigkeit der intellektuellen und oft moralistischen Romane der fünfziger Jahre, besonders die des jüdischen und des Südstaatenromans.

Die schwer lastende Moral des sich in den fünfziger Jahren entwickelnden jüdischen Romans mit seinem psychisch unsicheren Helden, auf dessen Schultern die ganze Last der Wahrheit (der traumatischen, im Krieg erlebten Wahrheit) und alle Schuld ruht, explodiert nun in den späten sechziger Jahren. Der typisch jüdische Roman von Saul Bellow, Bernard Malamud, Isaac Bashevis Singer, Herbert Gold und in gewissem Maße auch Norman Mailer, der seinen Figuren und auch seinen Lesern das bedrückende Gefühl von Mitschuld aufdrückte, wird nun entmystifiziert durch Romane wie Philip Roths *Portnoy's Complaint* (1969; dt.: *Portnoys*

Beschwerden) oder auf erheblich experimentellere und spielerische Weise durch Ronald Sukenicks Roman *UP* (1968), durch Jonathan Baumbachs *Reruns* (1974) oder durch meinen eigenen Roman *Take It or Leave It* (1976).

Der jüdische Roman, und damit vergleichbar auch der Südstaatenroman – jene literarischen Diskurse der moralischen Verantwortung und der verschwiegenen Übereinkunft mit dem offiziellen Diskurs des Staates – scheint heute so hohl wie der historische Diskurs, aus dem heraus sie entstanden. Durch Humor und Ironie, vor allem aber durch die Einführung einer expliziten Sexualität in den Text, verändern diese Romane sich in den späten Sechzigern und in den Siebzigern, wodurch die Hauptfiguren (wie im Falle von Portnoy) zu ungeheuer freizügigen Charakteren werden, die durch Handlungen und Sprache die sozialen, ethnischen, regionalen und moralischen Traditionen verulken, innerhalb derer sie handeln. Das gleiche gilt auch für den Schwarzen Roman. Ralph Ellisons *Invisible Man* (1952; dt.: *Unsichtbar*) und James Baldwins *Another Country* (1962; dt.: *Eine andere Welt*), die immer noch starke Romane sind, werden doch durch die Literatur Ishmael Reeds und Clarence Majors, zwei der stärker experimentellen und selbstreflexiven schwarzen Schriftsteller der letzten beiden Jahrzehnte, radikal verändert.

Die großen mythischen Dramen des Südens, von William Faulkner so wunderschön orchestriert und auf ähnliche Weise von William Styron in *Lie Down in Darkness* (1951; dt.: *Geborgen im Schoße der Nacht*) oder von Walker Percy in *The Moviegoer* (dt.: *Der Kinogeher*) fortgesetzt, werden nun in den Romanen Richard Brautigans und besonders in den Geschichten Flannery O'Connors auf eine Art Comic-Strip-Literatur reduziert. Der Bürgerkrieg, dieser so typische große historische Diskurs, der die Südstaatendichtung ständig beeinflußte und traurige, ernsthafte Figuren erschuf, die in ausgefeilten dramatischen Situationen existierten – wie in jenen von Faulkner geschaffenen –, der Bürgerkrieg ist nicht länger das traumatische Ereignis, das sein Subjekt im ewigen Ödipus-Komplex und in einer inzestuösen sozialen und familiären Existenz einsperrt. In Flannery O'Connors Literatur ist der Bürgerkrieg eine verblaßte Erinnerung in den Köpfen von Mittelschichtlern, die durch die Klischees ihrer Sprache beeinflußt sind. Obwohl sie noch immer der Formelwelt des Modernismus verhaftet ist, erläutert Flannery O'Connor mit ihrer fragmentierten Erzählweise und ihrer subtilen Verwendung der Klischees, besonders aber in der Art, in der sie die Seriösität des Südstaatenromans in solch schönen Büchern wie *A Good Man is hard to find* (1955; dt.: *Ein guter Mensch ist schwer zu finden*) und *The Violent Bear it Away* (1960; dt.: *Das brennende Wort*) zu einer lächerlichen Belanglosigkeit reduziert, die Prinzipien der selbstreflexiven Literatur. Tatsächlich läßt sich die neue Literatur Amerikas in den Siebzigern am besten als fragmentierte Erzählweise beschreiben, die Klischees und burleske Darstellungen sozialer und historischer Ereignisse ge- und mißbraucht, als würde das Land ständig am Rande einer lauernden Katastrophe lavieren.

Donald Barthelmes Werk, besonders seine Kurzprosa, ist typisch für die Art von Literatur, die den Verfall der Sprache und dessen vermüllten Zustand akzeptiert. Auf diese Weise zerlegt Sprache sich selbst, auf diese Weise reflektiert der Text über sich selbst und macht es unmöglich, eine Geschichte zu erzählen; darin liegt die Innovation und Radikalität der selbstreflexiven Literatur der siebziger Jahre.

Deutete William Burroughs *Naked Lunch* bereits 1959 den ursprünglichen Bruch zwischen dem Individuum und dem strukturierenden Diskurs des Staates an, so ging seine Trilogie – *The Soft Machine* (1961; dt.: *Soft Machine*) *The Ticket That Exploded* (1962) und *Nova Express* (1964; dt.: *Nova-Express*) – in der Propagierung einer radikalen linguistischen Erfahrung statt einer linearen Satire der Geschichte –, weiter als die meisten der frühen postmodernen Texte. Für Burroughs ist der Text selbst niemals unschuldig, und deshalb ist eine freundliche, gefällige Beziehung zwischen Autor und Leser, zwischen dem schreibenden und dem lesenden Subjekt nicht das Ziel. Der literarische Diskurs und die Wörter, die diesen Diskurs ausmachen, sind biologische Feinde, sie sind die fundamentalen darstellerischen Elemente des Menschen und seines Platzes in der Geschichte. William Burroughs denunziert in seinen Romanen den politischen Prozeß, wie er beschrieben und in der Sprache in den öffentlichen Reden (der Politiker) oder in den Medien dargestellt wird.

Die historischen und politischen Parodie-Romane der frühen Sechziger (jene von Barth, Pynchon, Reed, Heller usw.) beschrieben eine Welt, in der Einzelwesen ziellos durch eine barocke Landschaft wandern und in der die erzählerischen Möglichkeiten unerschöpflich waren. Was diese Autoren in ihren Werken zum Ausdruck brachten, war, daß die zentrale Maschine, der gigantische Computer (»Der mächtige Wescac« in John Barths *Giles Goat-Boy*), der die Beziehung zwischen Bildern und Wünschen, zwischen dem Realen und Imaginären kontrolliert, in einem Dauerzustand der Unordnung und des Wirrwarrs steckte. Doch im Werk dieser Autoren findet sich keine wirkliche politische Haltung, es sei denn man betrachtet Parodie als politische Geste.

Die politische Natur der Fiktion von William Burroughs reicht weit über blanke Satire oder Parodie hinaus; er gibt sich nicht damit zufrieden, sich einfach über die Geschichte lustig zu machen oder die Absurdität der Welt zum Wohl der Intelligenz oder der Kunst darzustellen. Er will jenen Mechanismus denunzieren, der das Böse und die Ungerechtigkeit in der Welt hervorbringt. Da das Böse tief im menschlichen Körper und in den menschlichen Begierden wurzelt und sich in der Sprache offenbart, perpetuiert die Kontrollmaschine das »Virus-Wort«, wie Burroughs es nennt, das die Identifizierung der Begierde durch die linguistische Bestimmung hervorruft.

Die Autoren der neuen Literatur, die nach 1968 auftauchen, arbeiten in der gleichen Richtung wie William Burroughs, verwenden aber radikalere und noch reduktivere Techniken. Ihre Werke mögen nicht so deutlich politisch sein wie seine, dennoch sind sie subversiv, denn diese Schriftsteller sind weniger an Weltparodien oder Geschichtsveralberungen interessiert als an einer Veränderung jener Sprache, durch die sich Welt und Geschichte darstellen. Statt Geschichte und Individuum, das in der Geschichte agiert, auf eine Art absurden Comic Strip zu reduzieren, wie dies die frühen Postmodernisten taten, verwendete die zweite Welle der Schriftsteller experimentelle Formen, um Sprache von innen heraus zu zerlegen. Sie erreichen dies vor allem durch Selbst-Reflexivität, die den Text von Illusionismus und sogar von Fiktionalität befreit. Einige dieser Romane der siebziger Jahre lesen sich eher wie »Kritifiktion« denn wie reine Fiktion, wie eine Erzählweise also, die ihre eigene Theorie und sogar ihre eigene Kritik beinhaltet.

Ich habe bereits Ronald Sukenick erwähnt, dessen erster Roman *UP* (1968) diesen neuen Trend einleitete. 1970 veröffentlichte Sukenick eine brillante Kurzgeschichtensammlung, die passenderweise den Titel *The Death of the Novel and Other Stories* trägt, gefolgt von dem Roman *Out* (1973), dann 1976 ein weiterer Roman mit dem kuriosen Titel *98.6*, und 1980 *Long Talking Bad Condition Blues*. Sukenicks Werk ist ein exemplarisches Beispiel dafür, wie Sprache und Erzählstrukturen in der Literatur der Siebziger explodierten. Er konstruiert seine Fiktion nach dem Prinzip der fundamentalen und ununterbrochenen Opposition: die

Konstruktion einer fiktionalen Illusion und die Bloßlegung dieser Illusion. Anders ausgedrückt, er erfindet eine Fiktion und macht gleichzeitig eine Aussage über die Erfindung dieser Fiktion. Die beiden Prozesse werden in einer formalen Spannung zusammengehalten, die den Unterschied zwischen Fiktion und Kritik, zwischen Imagination und Reflexion beseitigt, und als Ergebnis davon verschmelzen die Konzepte von Kreation und Interpretation zu einer neuen Art von Diskurs. Um dies zu erreichen, ist Ronald Sukenick (der Autor) stets präsent in seiner Fiktion (normalerweise unter seinem eigenen Namen), allerdings als fiktionale/mythische Figur: ein Autor-Erzähler-Kritiker-Protagonist.

Walter Abish, Steve Katz, George Chambers, Gilbert Sorrentino, Madeline Gins, Kenneth Gangemi, Clarence Major (und ich sollte mich wohl unter diese Namen einreihen) sind Schriftsteller der Siebziger, die auf ähnliche Weise arbeiten wie Ronald Sukenick. Was diese Gruppe von den frühen Postmodernisten unterscheidet, ist ein gewagterer, ein radikalerer Gebrauch der Sprache, aber auch die völlige Ablehnung der traditionellen Erzählformen und besonders des mimetischen Realismus und der mimetischen Vorspiegelung. Man könnte sagen, daß die neue Literatur der Siebziger aus der Veränderung der Sprache erwuchs, die sich von einer Falle in den Beziehungen von Realität und Geschichte hin zur Konzeptualisierung einer neuen Art von Text entwickelte, der die Aufmerksamkeit ständig auf das eigene Medium lenkt, hin zum eigenen Prozeß der Fiktionsschaffung.

Seit 1968 bietet uns die Literatur Texte an, die mit Sprache gleichzusetzen sind. Sie reflektieren über ihre eigene Bewegung und funktionieren jenseits sozialer Realität und Subjektivität, besser gesagt zwischen sozialer Realität und Subjektivität, um so die illusorische Beziehung zwischen beiden zu unterlaufen. Die Darstellung, Erläuterung oder gar

Rechtfertigung der amerikanischen Realität steht längst nicht mehr zur Debatte; zur Debatte steht vielmehr die Bloßstellung des Transportmittels, das diese Realität ausdrückte und repräsentierte: die diskursive Sprache und die traditionelle Form des Romans. Anders ausgedrückt: Die neuen Schriftsteller stellen sich ihrem eigenen Schreiben, stellen sich vor oder rücken in ihre Texte, um den blanken Akt des Sprachgebrauchs und des Schreibens in Frage zu stellen, selbst auf die Gefahr hin, den Leser zu verschrecken.

Die Spiralen der Selbst-Reflexivität sind oft als ungesund für Autor und Leser verschrien worden. In einer Welt, in der die alltägliche Realität Phantasien und Hirngespinste offeriert, die weit über die hinausgehen, die der Schriftsteller anbieten kann, haben gewisse Kritiker die Tatsache bedauert, daß Schriftsteller den Realismus aufgeben, die historischen Tatsachen links liegenlassen und die Idee der Glaubwürdigkeit veralbern, um in narzißtische Spielereien zu versinken, die es dem Leser verwehren, sich mit den Figuren der Fiktion zu identifizieren.

Selbstreflexive Schriftsteller sind auch angegriffen worden, weil sie sich ihres sozialen Gewissens und ihrer menschlichen Anteilnahme entledigt hätten, weil sie sich weigerten, die Realität zu erklären und weiter so tun, als sei die Realität gleichbedeutend mit Wahrheit; deshalb scheiterten sie an einer begreifbaren und rationalen Darstellung der Realität. Natürlich liegt hinter diesem Argument das Unverständnis für die tieferen Gründe – Gründe psychologischer und sogar politischer Art –, die die neuen Schriftsteller dazu zwingen, die Traditionen des Realismus aufzugeben. Solche Argumente verkennen auch, daß die Techniken der Parodie, Ironie, inneren Betrachtung und Selbst-Reflexivität einen direkten Angriff auf die Unterdrückungsmechanismen der sozialen und literarischen Autoritäten darstellen.

Mit ihrem Angriff auf die aktuellen historischen Ereignisse entwickeln die neuen Schreiber – die »chaostrunkenen Schriftsteller«, wie sie genannt wurden – eine neue Idee von Geschichte: Da die Zivilisation betrügerisch geworden ist und sich in eine gewaltige Lüge verwandelt hat, ist es wichtig, diese Täuschungen, diese Ruinen und Klischees – das Durcheinander von Zivilisation und Kultur zu untersuchen. Doch vor allen Dingen ist es wichtig, die Sprache, die diese Lügen und Illusionen aufrecht erhält, zu untersuchen und bloßzulegen. Für den selbstreflexiven Schriftsteller, der die Gegenwartskultur als eine Mystifizierung betrachtet, ist es von immenser Bedeutung, die Sprache, die diese Kultur hervorbringt, von ihrer symbolischen Kraft zu befreien. In dieser Hinsicht sind die neuen Schriftsteller an einem Akt der DISRUPTIVEN KOMPLICENSCHAFT beteiligt, wenn sie das heillose Wirrwarr der Wirklichkeit, ich nannte es einmal »die Unwirklichkeit der Wirklichkeit«, angreifen.

Natürlich ist dies kein unschuldiges Spiel, die Farce niemals völlig unentgeltlich. In der neuen Literatur geschieht all dies, als ob sich die Welt plötzlich dem Dilemma gegenübersähe, sich entscheiden zu müssen, der Rationalität der Sprache oder den persönlichen Wünschen abzuschwören. Indem die Sprache als scheinbar irrational, unlogisch, unverständlich oder gar bedeutungslos dargestellt wird – wie in einem Großteil der neueren Werke Becketts, die noch immer das letztgültige Modell für die ernsthafte Literatur der USA in den letzten zwanzig Jahren darstellen –, verneinen diese Fiktionen die symbolische Kraft der Sprache, während sie zur gleichen Zeit eine Reinigung dieser Sprache propagieren, die sie vielleicht davon abhalten wird, das Individuum in ein soziohistorisches Szenario zu versetzen oder gar einzusperren, das bereits im Fernsehen, in den Massenmedien und auf der politischen Bühne in Vorbereitung ist und durchgespielt wird.

»Die Welt läßt sich nicht länger ausdrücken, sie läßt sich vielleicht durch ein Mosaik von Widersprüchlichkeiten andeuten, wie in einem Hotelzimmer zurückgelassene Gegenstände, definiert durch Negativa und Abwesenheit.« Dieser Abschnitt aus *Naked Lunch* ist es wert, noch einmal zitiert zu werden. In vieler Hinsicht scheint der amerikanische Roman der letzten zwei Jahrzehnte die Wahrheit dieser Aussage bestätigt zu haben. Denn tatsächlich haben die neuen Schriftsteller es durch die Irrationalisierung und Unleserlichkeit der Sprache geschafft, auch den Schwindel der Wirklichkeit und das Fiasko der Geschichte zu neutralisieren. Durch die Konfrontation mit der Unwirklichkeit der Wirklichkeit sind diese Autoren der Wahrheit der Welt von heute näher gekommen, so wie es Sterne und Diderot zu ihrer Zeit taten.

3. Lektion
Surfiction: Eine postmoderne Position

> Nun mögen manche Leute sagen, der Zustand der Literatur von heute sei nicht sehr ermutigend, doch muß man darauf erwidern, daß sie nicht dazu da ist, diejenigen zu ermutigen, die so etwas sagen!
>
> Raymond Federman, *Double or nothing*

Wenn man über die Gegenwartsliteratur schreibt (oder spricht), dann könnte man mit den üblichen Klischees anfangen: Der Roman ist tot, Fiktionen zu schreiben ist nicht länger möglich, da sich die WIRKLICHE Fiktion jeden Tag in den Straßen unserer Städte abspielt, in den spektakulären Flugzeugentführungen, im Weltall, auf dem Mond, in China, dem Nahen Osten, und natürlich im Fernsehen (besonders in den Nachrichtensendungen); Literatur ist obsolet und irrelevant geworden, da das Leben um so vieles interessanter ist, dramatischer, unglaublicher als alles, was der sterbende Roman je bieten könne.

Und man könnte fortfahren und sagen, daß es heutzutage unmöglich sei, Fiktionen zu Papier zu bringen (wie es so viele Theoretiker und Schriftsteller in der letzten Zeit getan haben), weil alle Möglichkeiten der Literatur aufgebraucht, mißbraucht, erschöpft seien, und daß das einzige, was noch demjenigen bliebe, der immer noch schreiben wolle, darin bestehe (Seite für Seite) ad nauseam zu wiederholen, daß es nichts mehr gebe, über das man schreiben könne, nichts mit dem sich schreiben ließe, also einfach zu schreiben, daß es nichts zu schreiben gebe (wie es der sogenannte *nouveau roman* in Frankreich in den vergangenen vierzig Jahren getan hat).

Möglicherweise sind solche Non-Fiction-Titel wie Truman Capotes *In Cold Blood* (dt.: *Kaltblütig*) oder Norman Mailers *The Day Kennedy was Shot* und *Armies of the Night* (dt.: *Heere der Nacht*) und all die anderen Bücher über Terrorismus, Drogenhandel, Gewalt, finanziellen Erfolg oder finanzielles Desaster, und all die Autobiographien von Menschen, die das WAHRE LEBEN auf den Straßen unserer Städte, in den Ghettos, den Gefängnissen, auf der politischen Bühne, an den Börsen dieser Welt angeblich gelebt haben, tatsächlich bessere Literatur als diese dummen und hohlen Geschichten (Liebesgeschichten, Mordgeschichten, Spionagegeschichten, die Geschichten von Reich und Arm, von Abenteuern und sexuellen Abweichungen usw.), die der Roman immer noch zu verhökern und uns weiszumachen versucht.

Ja, so könnte man anfangen und die Literatur einfach sausen lassen und den Roman für immer aufgeben. Denn wie Samuel Beckett einmal sagte: »Es ist leicht, darüber zu reden, unfähig zu sein, während es in Wahrheit nichts schwierigeres gibt.«

Nun, ich behaupte, daß der Roman noch lange nicht tot ist (und ich meine jetzt den traditionellen Roman – jenen moribunden Roman, der schon von dem Tage an dahinsiechte, als er vor etwa vierhundert Jahren gezeugt wurde, als Cervantes *Don Quijote* schrieb). Ich behaupte, daß diese Art von Roman sehr GESUND ist und auch sehr WOHLHABEND. Ich kenne viele Schriftsteller, die damit prahlen können, daß ihr letzter Roman ihnen ein, zwei Millionen eingebracht habe oder mehr. James Michener und Harold Robbins sind nur zwei der vielen reichen amerikanischen Schriftsteller, an die ich hier denke. Aber was ist mit Umberto Eco? Und den vielen anderen, die Millionen von Büchern verkaufen, ohne zu wissen, warum? Nein, der Roman, der kommerzielle Roman ist nicht tot. In einigen Gegenden der Welt gedeiht er prächtig.

Aber wenn wir ERNSTHAFT über Literatur reden wollen (über ERNSTHAFTE Literatur), dann interessiert mich diese Art von Literatur nicht. Die Art von Literatur, für die ich mich interessiere, wird von den führenden Köpfen des literarischen Establishment (Verlegern, Herausgebern, Agenten, Buchhändlern, Rezensenten usw.) beiseitegeschoben, weil sie nicht IHREN Vorstellungen von dem entspricht, wie Literatur sein soll, und deshalb für den Durchschnittsleser keinen Wert hat (kommerziellen Wert in diesem Fall). Und für diese Leute ist es die einfachste Sache, diese Literatur beiseitezuschieben, indem sie sie ruckzuck mit dem Titel EXPERIMENTELL versehen.

Alles, was nicht unter die Kategorie der ERFOLGREICHEN LITERATUR fällt (was den Kommerz betrifft), die Jean-Paul Sartre einmal als *la littérature alimentaire* (»nahrhafte Literatur«) charakterisierte, alles, was »für unsere Leser nicht geeignet« erscheint (so reden die Verleger und Herausgeber – woher nehmen sie sich bloß das Recht zu entscheiden, was für ihre Leser *geeignet* oder *wertvoll* ist?), wird augenblicklich ins Reich des Experimentellen verbannt, an einen sicheren und nutzlosen Ort.

Ich persönlich glaube nicht, daß ein Schriftsteller, der noch den kleinsten Funken von Selbstachtung und Integrität besitzt, einer, der an das glaubt, was er da tut, jemals bei sich beschließt: »Nun werde ich einen experimentellen Roman schreiben.« Das sagen andere über sein Werk. Es ist der Mittelsmann, der Prokurator der Literatur (der gescheitere, zum Journalisten gewandelte Schriftsteller), der all dem das Etikett EXPERIMENTELL verleiht, was ungewöhnlich, schwierig, intellektuell, innovativ, provokativ oder gar originell ist. Tatsächlich werden die wahren Experimente (wie in den Wissenschaften) niemals veröffentlicht, sollen es auch niemals werden.

Literatur wird aus Unverständnis und Verzweiflung experimentell genannt. Becketts Romane sind nicht experimentell – nein! – Beckett konnte nicht anders schreiben; Borges' Geschichten sind nicht experimentell; Calvinos Werke sind nicht experimentell. Und wenn wir weiter zurückgehen: James Joyces Werke sind nicht experimentell (auch wenn sie seit über fünfzig Jahren so genannt werden). All diese Schriftsteller schufen erfolgreiche und abgeschlossene Kunstwerke, die nach ihren eigenen Regeln funktionieren und nicht nach vorgefertigten Regelsätzen.

Mir bedeutet heute nur die Literatur etwas, die versucht, die Möglichkeiten der Literatur jenseits ihrer Grenzen auszuloten; jene Art von Literatur, die Traditionen in Frage stellt, von denen sie beherrscht wird; jene Art von Literatur, die ständig den Glauben an die Vorstellungskraft des Menschen wachhält, statt den Glauben an die verzerrte Sicht des Menschen auf die Realität; jene Art von Literatur, die die spielerische Irrationalität des Menschen offenbart statt seine selbstgewisse Rationalität.

Diese Literatur nenne ich SURFICTION. Allerdings nicht, weil sie Realität nachahmt, sondern weil sie die Fiktionalität der Wirklichkeit offenlegt. So wie die Surrealisten jene Ebene der menschlichen Erfahrung, die im Unterbewußtsein verborgen funktioniert, SURREALITÄT nannten, nenne ich die Ebene der menschlichen Aktivitäten, die das Leben als Fiktion entlarven, SURFICTION. Es liegt schon ein Quentchen Wahrheit in dem Klischee, das da sagt, »das Leben imitiert die Fiktion« oder »das Leben ist eine Fiktion«; allerdings nicht, weil es sich in den Straßen unserer Stadt abspielt, sondern weil die Wirklichkeit als solche eigentlich nur in ihrer fiktionalisierten Form existiert, also in der Sprache, die sie zum Ausdruck bringt.

Die Erfahrungen des Lebens erlangen ihre Bedeutung erst in ihrer wiedererzählten Form, in ihren verbalisierten Versionen, oder, wie Louis Ferdinand Céline vor einigen Jahren jenen zur Antwort gab, die behaupteten, seine Romane seien doch nur Autobiographien: »Das Leben also ist Fiktion ... und eine Biographie ist etwas, das man im nachhinein erfindet.«

Doch in welchem Sinne ist Leben Fiktion? Zu leben heißt zu begreifen, daß man lebt, und Literatur ist vor allen Dingen der Versuch, die menschliche Existenz auf der Ebene von Worten zu begreifen und zu erfassen, und zwar nur auf der Ebene von Worten. Oder wie Roland Barthes einmal feststellte: »Das Buch schafft Bedeutung und Bedeutung schafft Leben.«

Anders ausgedrückt, besteht Fiktion aus dem Verstehen, was für die meisten von uns vorrangig Wörter meint – Wörter allein (gesprochen oder geschrieben). Wenn man (wenigstens sich selbst gegenüber) von der Voraussetzung ausgeht, daß es keine Bedeutung vor der Sprache gab, sondern daß die Sprache in ihrem Prozeß Bedeutungen schöpft, daß sie in gesprochener oder geschriebener Form gebraucht wird, während sie sich weiterentwickelt, dann ist das Schreiben (besonders von Literatur) der bloße Prozeß, Sprache ihre Tricks vorführen zu lassen.

Schreiben heißt also, Bedeutung zu PRODUZIEREN, und nicht, eine prä-existente Meinung zu REPRODUZIEREN. Schreiben heißt VORANSCHREITEN und nicht der Bedeutung – aus Gewohnheit oder Reflex –, die angeblich der Sprache vorangeht, untergeordnet BLEIBEN. In diesem Sinne kann Literatur nicht länger Realität sein, keine Imitation der Realität, keine Repräsentation der Realität, nicht einmal eine Neuschöpfung der Realität; sie kann nur EINE REALITÄT sein – eine autonome Realität, deren einzige Beziehung zur wirklichen Welt darin besteht, diese Welt zu verbessern. Zu schreiben meint also eine Möglichkeit, die Realität abzuschaffen, vor allem die Vorstellung, daß Realität Wahrheit sei.

Statt also als Spiegel zu dienen oder sich selbst zu verdoppeln, bietet die Literatur eine Ergänzung zur Welt und schafft eine bedeutungsvolle Beziehung, die vorher nicht existierte. Literatur ist kunstvoll, aber nicht künstlich. Schreiben ist heute vor allen Dingen der Versuch, einen UNTERSCHIED zu schaffen und nicht vorzutäuschen, Literatur sei dasselbe wie Realität. Der traditionelle, realistische Roman war eine Darstellung des IMMER GLEICHEN. Surfiction wird eine Darstellung des Unterschiedes sein, eine Befreiung dessen, was anders ist.

Aus seiner ablehnenden Haltung zum zeitgenössischen Diskurs heraus schrieb Michel Foucault: »Um den Unterschied klarzustellen, müssen wir einen kontroversen Gedanken fassen, der frei ist von Dialektik und Negation. Einen Gedanken, der Ja sagt zur Abweichung, einen bekräftigenden Gedanken, dessen Instrumentarium die Trennung ist; einen Gedanken der Vielfalt, einen Gedanken, der nicht einem gelehrten Modell folgt, sondern innerhalb eines Spieles der Wiederholungen unlösbare Probleme anpackt.«

Michel Foucault versucht hier nur, die Funktion des gegenwärtigen historischen oder philosophischen Diskurses zu definieren, doch er scheint gleichzeitig auch eine Definition dafür zu geben, wie der fiktionale Diskurs aussehen soll. Weit davon entfernt, jenes unvollständige und verschwommene Bild einer IDEE abzugeben, das seit unvordenklichen Zeiten einige absolute Antworten beinhaltete, liegt das Problem des heutigen Romans darin, eine IDEE zu kräftigen, in der die Frage niemals aufhört, sich zu ändern. Was ist die Antwort auf diese Frage? Das Problem selbst. Wie löst man dieses Problem? Indem man die Frage ständig verdrängt.

Unterschied und Wiederholung sind die Eckpfeiler der Surfiction, nicht getreue Imitation und Darstellung. Als Konsequenz daraus werden in der Literatur von heute und morgen die Unterschiede zwischen der Wirklichkeit und dem Imaginären, zwischen dem Bewußten und Unbewußten, zwischen Vergangenheit und Gegenwart aufgehoben. Vor allem werden alle Formen von Dualität negiert – ja, vor allen Dingen die Dualität: jenes doppelköpfige Ungeheuer, das uns seit Jahrhunderten ein System von Werten, ethischen und ästhetischen Werten aufdrückt, die auf dem Prinzip von Gut und Böse, Wahr und Falsch, Schön und Häßlich basieren.

Surfiction wird nicht nach solchen Kriterien bewertet werden. Sie wird nicht gut noch böse, nicht wahr noch falsch, nicht schön noch häßlich sein. Sie wird einfach SEIN, und ihr vorrangiges Ziel wird es sein, ihre eigene Fiktionalität bloßzulegen, die Metapher ihrer eigenen Betrügereien und Scheinbilder ans Licht zu zerren und nicht länger so zu tun, als sei sie Realität, Wahrheit oder Schönheit.

Konsequenterweise wird Surfiction nicht länger als Spiegel des Lebens betrachtet werden, nicht als pseudorealistisches Dokument, das uns über das Leben informiert; sie wird auch nicht auf der Grundlage ihres möglichen sozialen, moralischen, psychologischen, metaphysischen oder kommerziellen Werts begutachtet werden, sondern auf der Grundlage dessen, was sie ist und was sie als eigenständige Kunstform aus eigener Kraft tut.

Diese Eingangsbemerkungen sollen als Einleitung zu vier Vorschlägen dienen, die ich nun zur Gegenwart und Zukunft der Literatur machen möchte. Diese bilden nur einen beliebigen Ausgangspunkt für die Möglichkeiten einer neuen Literatur. Andere Positionen und andere Vorschläge sind möglich. Meine Vorschläge sind zwar dogmatisch, aber das sollen sie auch sein, denn dieser Text ist eigentlich ein Manifest und kann daher nur dogmatisch sein. Man kann ein Manifest als ganzes akzeptieren oder ablehnen, aber man kann nicht darüber streiten. Das ist der ironische Gedanke hinter dem Epigramm zu diesem Text: »Nun mögen manche Leute sagen, der Zustand der Literatur von heute sei nicht sehr ermutigend, doch muß man darauf erwidern, daß sie nicht dazu da ist, diejenigen zu ermutigen, die so etwas sagen!«

Vorschlag eins
Das Lesen von Literatur

Der bloße Akt des Lesens, auf der ersten Seite oben anzufangen und von links nach rechts fortzufahren, von oben nach unten, Seite für Seite bis zum Ende, in einer aufeinanderfolgenden vorgefertigten Weise ist *restriktiv* und *langweilig* geworden. Jeder intelligente Leser sollte sich in diesem vorbestimmten Lesesystem frustriert und eingeengt fühlen. Deshalb muß die ganze traditionelle, konventionelle, fixierte und langweilige Art des Lesens in Frage gestellt, angegriffen und demoliert werden. Und der Schriftsteller selbst (nicht die moderne Drucktechnik) muß durch Innovationen im Schreiben selbst – in Typographie und Topologie des Textes – unser Lesesystem erneuern.

Alle Regeln und Prinzipien des Druckens und Buchmachens müssen gezwungen werden, sich als Resultat der Veränderungen beim Schreiben (oder Erzählen) einer Geschichte zu ändern, um dem Leser ein Gefühl der Eigenbeteiligung am Schreib/Leseprozeß zu vermitteln und ihm eine (aktive) Möglichkeit zu geben, sich an der Ordnung des Diskurses und der Entdeckung seiner Bedeutung zu beteiligen.

Das Konzept der Syntax selbst muß verändert werden. Die traditionelle Syntax ist die Einheit, die Kontinuität der

Wörter, das Gesetz, das sie beherrscht. Die Syntax reduziert die Vielstimmigkeit der Wörter und kontrolliert ihre Kraft; sie fixiert sie auf einen Platz, einen Raum und schreibt ihnen eine Ordnung zu. Sie hält sie vom Herumwandern ab. Selbst im Verborgenen regiert die Syntax am Horizont der Wörter, die sich unter ihrer lautlosen Zwangslage krümmen.

Deshalb müssen Wort, Satz, Abschnitt, Kapitel, Seitenzahl, Zeichensetzung und ihre Position auf der Seite und im Buch neu überdacht und verändert werden, damit sich neue Wege (vielfältige und parallele Wege) eröffnen, ein Buch zu lesen.

Und auch der Raum, in dem geschrieben wird, muß verändert werden. Dieser Raum, die Seite (aber auch das aus Seiten gefertigte Buch), muß neue Dimensionen annehmen, neue Formen, neue Beziehungen, um das neue Schreiben aufzunehmen. Und innerhalb dieser veränderten Topographie des Schreibens, von dieser SEITENSYNTAX (und nicht der GRAMMATIKALISCHEN SYNTAX) aus wird der Leser seine Freiheit in Bezug auf den Leseprozeß und auch in Bezug auf Sprache und Literatur entdecken.

In allen anderen Kunstformen sind drei Grundelemente am Werk: der Schöpfer, der das Kunstwerk erstellt, das Medium, welches das Kunstwerk übermittelt, und der Empfänger (Zuhörer oder Betrachter), dem das Kunstwerk übermittelt wird. Es scheint, daß in der Literatur nur das erste und das dritte Element am Werk sind: der Schreiber und der Leser. Ich und du. Und das Medium – nicht die Geschichte oder das mentale Kino, das abläuft, wenn man liest, sondern die Sprache – wird übersehen. Sprache ist abwesend, als sei sie durchsichtig.

Dient die Sprache vielleicht nur deswegen als Transportmittel vom Autor zum Leser, weil man beim Lesen nicht an Sprache als etwas hör- oder sichtbares denkt (wie in der Musik, der Malerei und manchmal in der Poesie)? Von mir zu dir, von meiner Bedeutung zu deinem Verständnis dieser Bedeutung.

Wenn wir aus dem Roman eine Kunstform machen wollen, müssen wir das gedruckte Wort zum Medium erheben; auch WO und WIE das Wort auf der Seite gedruckt steht, verändert die Bedeutung der Literatur für den Leser.

So wird also nicht nur der Schriftsteller Literatur erschaffen, sondern auch alle, die an der Produktion und Erstellung dieser Literatur beteiligt sind; Schreibkraft, Herausgeber, Setzer, Drucker, Korrektor und natürlich Leser werden alle an der Fiktion teilhaben. Das eigentliche Medium wird das gedruckte Wort sein, so wie es auf der Seite erscheint, wie es von all den an der Herstellung des Buchs Beteiligten aufgenommen, gehört, gesehen, gelesen wird (nicht abstrakt, sondern konkret).

Vorschlag zwei
Die Form der Literatur

Wenn man Leben und Fiktion nicht länger voneinander unterscheiden kann, keines komplementär zum anderen ist, und wenn wir übereinkommen, daß das Leben niemals linear verläuft sondern stets diskontinuierlich und chaotisch, weil es nicht in einer geraden Linie oder auf geordnete Weise erfahren wird, dann ist auch die lineare, zeitlich geordnete und aufeinanderfolgende Erzählweise nicht länger möglich.

Der pseudorealistische Roman versuchte, dem Chaos des Lebens den Anschein von Ordnung zu verleihen, und er tat dies, indem er sich auf den gutgemachten Plot stützte (der sogenannte Handlungsablauf), der, wie wir nun bemerken, keine nennenswerte Bedeutung mehr für die Literatur hat. Der Plot ist verschwunden, und die Ereignisse in der Fiktion müssen nicht länger einer linearen, aufeinanderfolgenden Ordnung in Zeit und Raum gehorchen. Es ist auch nicht nötig, daß die Erzählweise sich logischen Grenzen unterwirft oder sich von einem System von Ursache und Wirkung beherrschen läßt.

Aus diesem Grund schweifen die Elemente des surfiktionalen Diskurses (Wörter, Phrasen, Sätze, Szenen, Räume, Wortentwürfe, usw.) voneinander ab – vom vorausgehenden und vom nachfolgenden Element. Tatsächlich werden diese Elemente nicht nur frei durchs Buch wandern und sich gar wiederholen, an manchen Orten werden sie auch gleichzeitig auftreten. Dies wird vielfältige Möglichkeiten der Neuzusammensetzung während des Lesens schaffen.

Der surfiktionale Diskurs wird nicht länger von links nach rechts, von oben nach unten in gerader Linie und der Form eines aufgesetzten Plots verlaufen, sondern den Konturen des eigentlichen Schreibens folgen, während er im Raum der Seite Gestalt annimmt (eine unvorhersehbare Gestalt). Er wird um sich selbst kreisen, in der Entfaltung der Erzählstruktur neue und unerwartete Bewegungen und Figuren schaffen, sich selbst wiederholen, sich selbst rückwärts und vorwärts an den Kurven des Schreibens entlang projizieren – (hier kann man viel vom Filmemachen oder den Experimenten in den Bildenden Künsten lernen).

Als Ergebnis der improvisatorischen Qualitäten der Sprache in diesem Prozeß werden die Ereignisse, die beim Erzählen vermittelt werden, sich ebenfalls entlang unerwarteter und unvorhersehbarer Linien entwickeln. Form und Struktur der Geschichte werden sich nicht aus der Imitation einer Form und Struktur des Lebens ergeben, sondern aus den formalen Umwälzungen der Sprache, wenn sie aus dem Unbewußten aufsteigt.

Surfiction wird nicht länger als Spiegel fungieren, der den Pfad der Realität entlanggeschleppt wird, sondern wird nun die Bilder des Spiegels reproduzieren, der sich selbst spiegelt. Sie wird nicht länger etwas Außenstehendes darstellen, sondern sich selbst. Sie wird selbstreflexiv sein. Anders ausgedrückt: statt als unveränderliches Abbild des täglichen Lebens zu fungieren, wird Surfiction sich in einem Dauerzustand der eigenen Selbstverdoppelung befinden, um ihr Eigenleben zu offenbaren – DAS LEBEN DER LITERATUR. Surfiction wird aus sich selbst heraus, aus der eigenen Substanz heraus gedeihen – wird das, was sie sagt, imitieren, wiederholen, nachhallen, parodieren, veralbern, widerrufen.

Das heißt allerdings nicht, daß der Roman der Zukunft nur »ein Roman über den Roman« ist; statt dessen wird sich eine Art des Schreibens entwickeln, eine Art Diskurs, dessen Form die der Befragung sein wird, eine endlose Befragung dessen, was das Schreiben tut, während es das macht, und eine endlose Bloßstellung der eigenen Betrügereien, eine Befragung dessen, was ES wirklich IST: eine Illusion (eine Fiktion), so wie das Leben eine Illusion (eine Fiktion) ist.

Vorschlag drei
Der Werkstoff der Literatur

Wenn die Erfahrungen des Menschen (hier: des Schriftstellers) nur als Fiktion existieren, wenn sie im nachhinein erinnert und durchdacht werden, und dies stets auf verzerrte, glorifizierte und sublimierte Art, dann werden diese Erfahrungen zu Erfindungen. Und wenn ein Großteil der Literatur sich (mehr oder weniger stark) auf die Erfahrungen des Schreibenden stützt (Erfahrungen, die nicht notwendigerweise vor dem Schreibprozeß liegen, wohl aber parallel dazu), dann kann es keine Wahrheit oder irgendeine Realität außerhalb der Literatur geben. Anders ausgedrückt, wenn das Material der Fiktion aus Erfindungen besteht (Lügen, Simulationen, Verzerrungen, Übertreibungen, Illusionen), dann wird Dichten zu einem Prozeß, in dem das Material der Fiktion spontan hergestellt wird.

Der Schriftsteller faßt nur die Fiktion in Worte (konkretisiert sie). Und dabei gibt es für das Material der Fiktion keine Grenzen – es gibt keine Grenzen jenseits der Vorstellungskraft des Schriftstellers und jenseits der Möglichkeiten der Sprache.

Alles kann und muß auch auf jede nur denkbare Art gesagt werden. Während er vorgibt, die Geschichte seines oder irgendeines Lebens zu erzählen, kann der Dichter zur gleichen Zeit die Geschichte der Geschichte erzählen, die zu erzählen er gerade im Begriff ist, kann die Geschichte der Sprache erzählen, die er verwendet, er kann die Geschichte des Bleistifts oder der Schreibmaschine erzählen, die er verwendet, um seine Geschichte aufzuschreiben (die Geschichte der Fiktion, die er dabei erfindet), und er kann auch die Geschichte der Qual (oder der Freude, der Abscheu, des Überschwangs) erzählen, die er empfindet, während er seine Geschichte aufschreibt.

Schreiben heißt, einen Raum füllen (Seiten schwärzen); und in den Räumen, in denen es nichts zu schreiben gibt, kann der Schriftsteller jederzeit Material einfügen (Zitate, Bilder, Diagramme, Karten, Entwürfe, Stücke aus anderen Diskursen, Kritzeleien, usw.), die absolut nichts mit der Geschichte zu tun haben, die er gerade schreibt. Oder er kann einfach diese Räume weiß lassen, denn Literatur besteht zu einem ebenso großen Teil aus dem Gesagten wie aus dem Nichtgesagten, denn das Gesagte muß nicht notwendig wahr sein, da das Gesagte stets auch anders ausgedrückt werden kann.

Als Ergebnis davon werden die Wesen der Literatur, die

erfundenen Wesen, nicht länger als Figuren bezeichnet werden, als wohlgeformte Figuren, die eine festgelegte Persönlichkeit mit sich schleppen, einen stabilen Satz sozialer und psychologischer Attribute (einen Namen, einen Beruf, eine Situation, eine Kondition, eine bürgerliche Existenz, usw.). Diese surfiktionalen Figuren werden so veränderlich, instabil, irrational, namenlos, unbenennbar, verspielt und betrügerisch, so unvorhersehbar sein wie der sie erschaffende Diskurs. Das heißt allerdings nicht, daß sie blanke Marionetten sind. Ganz im Gegenteil, ihr Dasein wird ursprünglicher, komplexer und authentischer, dem Leben näher sein, weil sie nicht etwas zu sein vorgeben (da Leben und Fiktion nicht länger unterscheidbar sind): Imitation wirklicher Menschen; sie werden sein, was sie sind: Wort/Wesen.

Die gut gemachte Personage (Held, Protagonist) der traditionellen Literatur, die die Bürde eines Namens, einer sozialen Rolle, einer Nationalität, eines Lebensalters, elterlicher Bindungen, einer Vergangenheit und manchmal einer physischen Erscheinung und sogar einer inneren Psyche trug, wird von einer Schöpfung, oder besser gesagt einem Geschöpft verdrängt werden, das außerhalb jeglicher vorbestimmter Forderungen der Gesellschaft und außerhalb jedes präzisen Augenblicks der Geschichte fungieren wird.

Dieses Geschöpf wird in gewisser Hinsicht seiner eigenen Erschaffung und auch seiner eigenen Beseitigung beiwohnen. Dieses Geschöpf wird kein Mann, keine Frau in einer bestimmten Situation sein. Es wird die Sprache der Menschlichkeit sein. Völlig frei, zufällig und ohne Bindung, keiner Sache der äußeren Welt verpflichtet, ebenso wenig wie der fiktive Diskurs, in dem es existiert, wird dieses Geschöpf an der Fiktion nur als grammatikalisches Wesen (manchmal frei von Personalpronomina) teilnehmen. Aus linguistischen Fragmenten bestehend, die häufig ohne jegliche Bindung zueinander stehen, wird dieses fiktive Wesen irrational, unverantwortlich, ununterdrückbar, amoralisch und der realen Welt fern sein, dafür aber der Fiktion völlig verpflichtet, in der es sich befindet; es wird sich nur seiner eigenen Rolle als fiktionales Element bewußt.

Da sich die Surfiction nicht länger als soziales oder historisches Dokument anbieten wird, das den Leser über das »wirkliche« Leben und die »wirklichen« Menschen informiert, sondern als Kunstwerk, das nach eigenen Regeln funktioniert, wird der Leser nicht mehr in die Versuchung geraten, sich mit den »Charakteren« zu identifizieren. Statt dessen wird er an der Schöpfung der Fiktion in gleichem Maße beteiligt sein wie der Schöpfer, der Erzähler oder das Geschöpft dieser Fiktion. Sie alle werden Teil des fiktionalen Diskurses sein, sie alle werden dafür verantwortlich sein. Der Schriftsteller (so fiktiv wie seine Schöpfung) wird nur Schnittstelle (Quelle und Empfänger) all der Elemente der Fiktion sein.

Vorschlag vier
Die Bedeutung der Literatur

Die bisherigen Vorschläge machen deutlich: die radikalsten und offensichtlichsten Aspekte der Surfiction sind ihre Ähnlichkeit mit der Unordnung und ihre beabsichtigte Unlogik. Da, wie bereits gesagt, keine Bedeutung vor der Sprache existiert, sondern die Bedeutung im Prozeß des Schreibens und Lesens geschaffen wird, wird Surfiction *a priori* nicht versuchen, bedeutungsvoll, wahrheitsgetreu oder realistisch zu sein. Surfiction wird auch nicht versuchen, als Vehikel eines vorgefertigten Sinns zu dienen. Im Gegenteil, Surfiction wird scheinbar frei von Bedeutung sein, sie wird absichtlich unlogisch, irrational, irreal, disruptiv, abschweifend und unverständlich sein.

Und natürlich wird sich Surfiction einer kontinuierlichen und totalisierenden Art des Lesens verweigern, da sie keinen Anfang, keine Mitte und kein Ende mehr haben wird. Sie wird sich dem Einschluß widersetzen. Sie wird stets offener Diskurs bleiben – ein Diskurs offen für vielfältige Interpretationen. Surfiction wird nicht nur durch Vorstellungskraft kreiert, sie wird auch die Vorstellungskraft aktivieren. Denn erst durch die gemeinsamen Anstrengungen aller an der Fiktion Beteiligten (Autor, Erzähler, Geschöpf, Leser) wird eine Bedeutung formuliert.

Surfiction wird keinen Abklatsch von Ordnung schaffen, sondern sich selbst der Ordnung und dem Ordnen anbieten. Auf diese Weise wird der Leser keine Gelegenheit erhalten, sich mit den Menschen oder Situationen zu identifizieren, noch sich in Bezug auf die Handlungen der Personen in der Geschichte zu läutern oder reinzuwaschen. Anders ausgedrückt: Da der Leser nicht mehr länger durch einen auktorialen (und autoritären) Standpunkt manipuliert wird, wird der Leser es sein, der eine Bedeutung und eine Ordnung für die Geschöpfe und das Material der Literatur schafft, erfindet und erzeugt. Diese totale und freie Beteiligung an der Fiktion wird dem Leser das Gefühl geben, eine Bedeutung erfunden und nicht einfach eine nett vorgefertigte Meinung passiv empfangen zu haben.

Der Schriftsteller wird nicht länger als Philosoph, Theologe, Prophet oder gar Soziologe betrachtet werden, der lehrt, predigt, vorhersagt oder absolute Wahrheiten enthüllt. Er wird auch nicht länger (bewundernd und romantisch) als der allgegenwärtige, allwissende, omnipotente Schöpfer angesehen werden, sondern wird mit dem Leser auf gleichem Fuße stehen in den Bemühungen, der ihnen gemeinsamen Sprache *einen Sinn zu geben.* Anders ausgedrückt, Literatur wird nicht nur BEDEUTEN, sondern auch SEIN, was über die Dichtung bereits gesagt wurde.

Am Ende einer solchen Präsentation sollte ich versuchen, die Vorschläge, die ich gerade für die Zukunft der Literatur gemacht habe, zu begründen oder wenigstens mit Beispielen zu verdeutlichen. Doch Begründungen und Beispiele gibt es zuhauf, und viele zeitgenössische Schriftsteller haben sich bereits in Richtung Surfiction, manche nennen es auch Postmoderne Literatur, vorgewagt.

Ich muß gestehen, ich bin nicht allein bei diesem wilden Unterfangen. Viele Schriftsteller in der ganzen Welt haben bereits auf ihre ganz persönliche »verrückte« Art erfolgreich jene Art von Literatur geschaffen, die ich auf den vorangegangenen Seiten zu definieren versuchte.

Samuel Beckett natürlich, auf französisch und englisch; Jorge Luis Borges, Julio Cortázar, Gabriel García Márquez und Luisa Valenzuela auf spanisch; Italo Calvino und Primo Levi auf italienisch; Alain Robbe-Grillet, Claude Simon, Robert Pinget, Maurice Roche, Georges Perec, Nathalie Sarraute, Hélène Cixous, Monique Wittig, Phillipe Sollers und viele andere in Frankreich; Arno Schmidt, Uwe Johnson, Peter Handke, Jürgen Becker und Thomas Bernhard auf deutsch; und auf ihre eigene individuelle Art eine Reihe von amerikanischen Autoren, darunter William Burroughs, Kurt Vonnegut Jr., John Barth, John Hawkes, Steve Katz, Ronald Sukenick, Walter Abish, George Chambers, Donald Barthelme, Robert Coover, Ishmael Reed, Clarence Major, Marianne Hauser, Madeleine Gins, Ursule Molinaro und Kathy Acker, um nur ein paar der wichtigeren Namen zu nennen.

Allerdings würde keiner der hier erwähnten Schriftsteller behaupten, alle Probleme der Gegenwartsliteratur gelöst zu haben. Und ich selber tue das auch nicht, so wenig wie ich hier den einzig möglichen Weg für die Zukunft der Literatur vorgestellt habe. Ich bin sicher, es gibt andere, einfachere und leichter begehbare. Doch wie die meisten der oben genannten Schriftsteller denke ich, daß dies der Weg ist, dem man folgen sollte, damit die Literatur eine Chance hat, als ernsthaftes Genre in unserer postmodernen Welt zu überleben.

Ich selber wandle auf diesem Pfad als Schriftsteller und Surfiktionär, aber nicht um erfolgreich zu sein (kommerziell oder sozial oder in irgendeiner anderen Hinsicht), sondern um »das Fiasko der Wirklichkeit in einen schreienden Erfolg« umzumünzen, wie es der große Samuel Beckett einmal ausgedrückt hat.

4. Lektion

Kritifiktion: Einbildungskraft als Plagiarismus (... ein unvollendeter end-loser Diskurs ...)

Prä-Text:

Wir sind von Diskursen umgeben, von historischen, sozialen, politischen, ökonomischen, medizinischen, juristischen und natürlich literarischen. Diskurse werden angestellt über Sport, über Fernsehen, Unterhaltung, über Umweltverschmutzung, über die politische Lage in Osteuropa, über die politische Krise im Nahen Osten, usw.

Diskurse durchdringen uns, umgeben uns, leiten uns, beeinflussen uns, bestimmen uns, verwirren uns – gewollt oder ungewollt. Wir bestehen aus Diskursen – Wörtern: gesprochenen und geschriebenen.

Daraus ergibt sich die Notwendigkeit, diese Diskurse ständig zu hinterfragen, zu bezweifeln, in Frage zu stellen, weniger um zu wissen, was sie sagen oder was sie bedeuten, sondern um herauszufinden, wie sie funktionieren, wie sie sich zusammensetzen, wie sie in der Komplexität unserer modernen Welt zustandekommen. Hier soll es um den literarischen Diskurs gehen, der hinterfragt werden muß. Die Probleme bleiben dieselben.

Wo und wie soll man mit den Fragen beginnen? Indem man fragt, wie ein Diskurs niedergeschrieben wird (und beachten Sie, ich sage WIE und nicht WER einen Diskurs schreibt). Sollen wir also nach den (äußeren und inneren) Regeln fragen und den fundamentalen Normen, die die Formulierung eines Diskurses zulassen? Und danach, wie man einen Diskurs liest? Welcher Prozeß dem Verständnis eines

Diskurses zu Grunde liegt, wonach wir in einem Diskurs suchen?

Das sind einige der Fragen, die ich im folgenden Text mit dem Titel KRITIFIKTION: EINBILDUNGSKRAFT ALS PLAGIARISMUS (EIN UNVOLLENDETER END-LOSER DISKURS) stellen möchte – *Kritifiktion,* weil dieser Diskurs kritisch und fiktiv sein wird; *Einbildungskraft* im Sinne eines erdachten Diskurses; *Plagiarismus* im Sinne eines Zusammentragens von Bruchstücken aus anderen Diskursen; *ein unvollendeter end-loser Diskurs,* weil er nach allen Seiten offen ist und weil man endlos weiteres hinzufügen könnte.

Jahrhundertelang ging man davon aus, daß SCHREIBEN (ecriture) nur ein einfacher Akt der Übermittlung einer Botschaft ist, die dem Diskurs vorangeht – ein ETWAS-DAS-GESAGT-WERDEN-MUSS. Der, der SCHRIEB, interpretierte nur für den Leser eine Bedeutung (eine verborgene, wahre, absolute und universelle Bedeutung), die angeblich irgendwo im Universum (als unsichtbares Objekt) existierte, und übersetzte sie ihm. So also, über den Diskurs, über das Schreiben, kam der Leser in Kontakt mit jener Bedeutung. Anders ausgedrückt, man setzte voraus, daß es etwas gab, das VOR dem Schreiben EXISTIERT (und vor dem Sprechen) – *un signifié,* nennen die Franzosen dieses Etwas –, und Schreiben enthüllte einfach nur dieses *signifié* und machte es *signifikant.*

Signifikat und Signifikant waren also eins – vereinigt. Sie hingen aneinander, paßten zueinander, und der Leser empfing beide – Signifikat und Signifikant (LES MOTS ET LES CHOSES) – zur gleichen Zeit.

Allerdings stieß diesem hübschen kleinen System etwas zu und es scheint, daß heute viele Menschen glauben, Schreiben sei das Signifikat und Lesen der Signifikant. Dies deutet an, daß der Prozeß des Lesens dem Text eine Bedeutung zukommen läßt und nicht notwendigerweise der Prozeß des Schreibens. Daraus folgt, daß Schreiben PRODUKTION von Bedeutung ist und nicht bloße REPRODUKTION einer prä-existenten Bedeutung.

Schreiben heißt VORANSCHREITEN und nicht *le bons sens* (in seinem Doppelsinn) unterworfen bleiben, der tatsächlich niemals ein *bon sens* ist – ein guter oder richtiger Sinn. Denn wenn es eine gute, eine richtige und korrekte Bedeutung gibt, wie man uns jahrhundertelang glauben machen wollte, dann nur, weil wir uns blind und passiv der Vorstellung ihrer Prä-Existenz hingaben.

Lesen heißt heutzutage nicht, sich zu unterwerfen, bestimmten Regeln der Logik und Semantik zu gehorchen, als wenn man Bedeutung aufnehme (wie Nahrung); Lesen heißt heute, daß wir lernen müssen, einen Text zu lesen, um ihn mit Bedeutung zu füllen, um diesem Text Bedeutung zu geben.

Wenn also der Lesevorgang dem Diskurs Bedeutung verleiht, dann kann Schreiben nur als PRÄ-TEXT zu der Bedeutung dienen, die der Leser dem Text gibt. Der Text, der vollendete Text, der letzte und totale Text wird nicht nur das sein, was auf dem Papier geschrieben steht, sondern auch das, was in den Text hineingelesen wird. In diesem Sinne kann man alle modernen Diskurse als PRÄ-TEXTE bezeichnen – Prä-Texte in dem Sinn, daß sie Ausreden, Gründe, Sprungbretter für den ultimaten Text sind.

Marcel Proust schrieb keinen Roman. *A la recherche du temps perdu* (dt.: *Auf der Suche nach der verlorenen Zeit*) ist ein Prä-Roman, ein Prä-Text auf der Suche nach dem Roman, den der Leser bei jedem Lesen vervollständigt und mit Bedeutung füllt. Marcel Proust schrieb einen 5000 Seiten langen Prä-Text zu dem Roman, den er schreiben wollte.

Anders ausgedrückt: wir befinden uns ständig im PRÄ-TEXT. Ein Großteil der Literatur von heute (und besonders jener Teil, der postmoderne oder neue Literatur oder Surfiction genannt wird) funktioniert unter diesen PRÄ-TEXT-Bedingungen, die zu einem möglichen Text führen.

Der Diskurs, den ich heute spreche, ist untertitelt (... ein unendlicher end-loser Diskurs ...), weil dies ein Prä-Text ist, der schamlos enthüllt, wie er gemacht wird. Er enthüllt beim Sprechen, was er zu sagen versucht oder was der Leser ihn schließlich sagen läßt, während er dem Diskurs eine Bedeutung entnimmt, sie erfindet und neu schöpft. In diesem Sinne ist der folgende Text eine Demonstration, wie ein Diskurs formuliert wird und wie er sich zusammensetzt. Dies ist ein experimenteller Text – ein Prä-Text zu dem endgültigen kritischen abgeschlossenen Text, der natürlich nie geschrieben wird und nicht geschrieben werden sollte, da nur der Vorgang des Lesens diesen Diskurs vervollständigen und ihm eine Bedeutung zukommen lassen kann.

Kritifiktion: Einbildungskraft als Pla[y]giarismus

Notiz Nummer Eins:

Statt PLAGIARISMUS lies auch PLA[Y]GIARISMUS, denn der Schreibvorgang, der hier am Werk ist, ist auch spielerisch – ein Spiel, eine Performance, eine Demonstration.

Notiz Nummer Zwei:

samuel beckett lautréamont severo sarduy jean ricardou denis diderot robert duncan marcel duchamp raymond federman e. h. gombrich philippe sollers david lodge jacques ehrmann maurice blanchot ronald sukenick gilles deleuze john barth michel foucault michel deguy italo calvino marcel proust roberto gonzales echevarria freud jean giraudoux lacan louis-ferdinand céline samuel beckett lautréamont severo sarduy jean ricardou denis diderot robert duncan marcel duchamp raymond federman etceteraetceteraetceteraetceteraetceteraetceteraetceteraetceteraetceteraetceteraetcetera.

Irgendwo am Anfang von *Lautréamonts Les Chants de Maldoror* (dt.: *Die Gesänge des Maldoror*): Ich werde in wenigen Zeilen ausführen, wie gut Maldoror in den ersten Jahren seines Lebens war, als er glücklich lebte. Es ist vollbracht!

Es ist vollbracht! Und dann folgt der Text.

Der Text, den ich heute sprechen werde, und ich bin bereits dabei, ihn zu sprechen, ist kein Versuch, eine verständliche Aussage über die Einbildungskraft (das Denken) in der Literatur, genauer gesagt über den kreativen Prozeß in der Literatur, zu machen.

Er ist eher eine MONTAGE/COLLAGE von Gedanken, Reflexionen, Meditationen, Zitaten, Stücke aus meinen eigenen (vorherigen) Diskursen (kritischen, poetischen, fiktionalen – veröffentlichten und unveröffentlichten).

Diese Versatzstücke aus Diskursen sind hier in den letzten Monaten verschoben und zusammengetragen worden, allerdings nicht, um zu erläutern, wie die Einbildungskraft in der Literatur funktioniert, sondern um zu illustrieren und bloßzustellen, wie die Einbildungskraft sich vorstellt, wie sie sich etwas vorstellt. Genauer gesagt, wie die Einbildungskraft nicht ETWAS NEUES erfindet, wie wir es ihr allzu oft zuschreiben, sondern wie sie (bewußt oder unbewußt) einfach nur das imitiert, kopiert, wiederholt, nachhallt, vervielfältigt – mit anderen Worten plagiarisiert –, was schon immer da war.

Es stimmt tatsächlich, wie mal gesagt wurde: Plagiarismus ist die Basis aller Arbeiten in der Kunst, außer natürlich die erste Arbeit, die unbekannt ist.

Wir alle wissen, und alle einfachen Wörterbücher definieren es so, daß Plagiarismus der Akt des Kopierens oder Imitierens von Sprache, Ideen und Gedanken anderer (Denker, Künstler, Schriftsteller) und der Vortäuschung desselben als eigenes ursprüngliches Werk ist. Und es gibt keinen Zweifel, daß wir anderen nur des Vergnügens wegen lauschen, um zu wiederholen, was sie erzählt haben. Und doch geben wir uns beim Schreiben der Illusion hin, nicht etwas zu wiederholen, was bereits geschrieben wurde.

Der Text, den ich gerade spreche, fällt eigentlich in die Kategorie des reinen Pla[y]giarismus (weil ich hier spiele), denn ich weiß nicht mehr, woher meine eigenen Gedanken stammen und wo diese Gedanken anfingen, sich mit den Gedanken anderer zu verbinden, weiß nicht mehr, wo meine eigene Sprache begann und wo sie mit denen anderer innerhalb des Dialoges, den wir alle mit uns selbst und mit anderen führen, verschmolz. Deshalb werde ich meine Quellen nicht offenlegen, weil diese Quellen in meinen eigenen Diskurs eingeflossen sind und weil es im Denken und Schreiben keine heiligen Quellen gibt.

Doch zuerst ein Gedicht – ein unvollendetes unveröffentlichtes Gedicht mit dem Titel ZUHÖREN, das hier als ZERSTREUUNG NUMMER EINS dienen soll:

joseph hört auf maria, die auf jesus hört, der auf johannes hört, der auf sarah hört, die auf hesekiel hört, der auf edith hört, die auf ezrah hört, der auf hiob hört, der auf judith hört, die auf samuel hört, der auf esther hört, die auf josuah hört, der auf jane hört, die auf tarzan hört, der auf abigail hört, die auf gott hört, der auf maria hört, die auf joseph hört, der ....

Zitat Nummer Eins:

Es gibt keine Kommunikation, weil es keine Transportmittel der Kommunikation gibt. Selbst in den seltenen Augenblicken, wenn Wort und Geste zum passenden Ausdruck der Persönlichkeit werden, verlieren sie an Bedeutung auf ihrem Weg durch den Katarakt der Persönlichkeit. Entweder sprechen und handeln wir für uns selbst, dann werden Sprache und Handlung durch eine Intelligenz, die nicht die unsere ist, verzerrt und ihrer Bedeutung beraubt, oder wir sprechen und handeln für andere, und dann sprechen und handeln wir lügnerisch.

Abschweifung Nummer Eins:

Schreiben, das Bedürfnis zu schreiben, kämpft nicht *gegen* die Präsenz für die Absenz und auch nicht *dafür*, während es doch vorgibt, sie zu konservieren oder zu vermitteln. Schreiben wird nicht im Präsens vollzogen, präsentiert auch nichts, präsentiert auch nicht sich selbst, und noch weniger repräsentiert es etwas, spielt nur mit Wiederholungen.

Zitat Nummer Zwei:

Realität, gleich ob man sich ihr qua Vorstellung oder empirisch nähert, bleibt an der Oberfläche, bleibt hermetisch. Die Vorstellungskraft, – *a priori* – auf etwas Abwesendes angewandt, wird im Vakuum ausgeführt und kann die Grenzen des Realen nicht tolerieren. Auch ein direkter und rein experimenteller Kontakt zwischen Subjekt und Objekt ist unmöglich, weil sie automatisch durch das Wissen des Subjekts um die Wahrnehmung getrennt werden, das Objekt seine Reinheit verliert und zu einem bloßen intellektuellen Vorwand, zu einem Motiv wird.

Abschweifung Nummer Zwei:

Schreiben heißt zuallererst umschreiben, und umschreiben heißt nicht, daß man zu einer früheren Form des Schreibens zurückkehrt, ebenso wenig wie zu einer vorherigen Situation des Sprechens oder der Präsenz oder der Bedeutung. Umschreiben ist eine Form der Entdopplung, die der Einheit vorausgeht oder sie beseitigt, während sie sie plagiarisiert. Umschreiben wird außerhalb aller produktiven Initiative vollzogen und gibt nicht vor, irgendetwas zu produzieren, nicht einmal die Vergangenheit oder die Zukunft oder die Gegenwart des Schreibens. Umzuschreiben, während man wiederholt, was nicht stattfindet, nie stattfinden wird, nie stattgefunden hat, schreibt sich selbst in ein nonuniformiertes System der Beziehungen ein, die sich überschneiden, ohne einen gemeinsamen Schnittpunkt zu haben.

Zitat Nummer Drei:

Oh, erlöse uns von dem nichtendenwollenden Vortrag!

Deshalb sollten wir einen Augenblick lang nachdenken. Schreiben ist nicht das passive Aufzeichnen einer objektiven Realität, sondern ein selektiver, auf Erwartung beruhender Akt des Auswählens.

Der Wissenschaftler, der Künstler oder der Schriftsteller drückt dem, was er sieht, ein Konzept oder ein Modell auf – ein SCHEMA – und probiert, korrigiert und entwickelt dieses SCHEMA unter Zuhilfenahme weiterer Beobachtungen.

Schreiben ist Handeln. Der Erfahrung eine Erwartungshaltung aufzuzwingen heißt, diese auf eine bestimmte Ordnung zu reduzieren statt auf eine andere Art von Ordnung, heißt, sie zu verändern, zu vermengen, sie der Kontrolle zu unterwerfen. Die Wahl eines SCHEMAS mag, zusammen mit der eigenen Position diesem gegenüber, als HALTUNG bezeichnet werden, als Bereitschaft zu handeln. Wenn wir also einer Wahrnehmungshaltung nachgehen, halten wir uns an einen Wertmaßstab, der zugleich ästhetisch, epistemologisch, moralisch und politisch ist. Und diese Werte zu beschreiben ist die Herausforderung, die uns signalisiert, wann diese Haltung objektiv ist.

Die klassische Physik, perspektivisches Zeichnen, Proszenium-Theater und der traditionelle realistische Roman entspringen dem gleichen historischen Impuls. In jedem einzelnen Fall ist der Beobachter von seinem Subjekt getrennt, ruht auf einem festen Standpunkt, drückt dem Durcheinander und der Kontinuität der Erfahrungen einen RAHMEN auf und übersetzt das dynamische Feld in ein System, das grundsätzlich statisch und geometrisch ist – ein Kreis, in dessen Mittelpunkt der Beobachter steht. Paradoxerweise nähert sich der Beobachter (der Künstler) seinem Subjekt, während er eine augenfällige Distanz zu ihm herstellt. Realismus, abgeleitet vom lateinischen *res,* die Sache, befleißigt sich willig dieser Art von Objektivierung.

Zerstreuung Nummer Drei – noch ein (bereits erschienenes) Gedicht mit dem Titel:

Ausrufezeichen

stell
dir
für
einen
augenblick
vor
ich
sei
der
letzte

mensch
auf
ERDEN
stell
dir
dann
vor
ich
stünde
am
rande
des
abgrunds
der
GESCHICHTE
wie
ein
ausrufezeichen
am
ende
des
letzten
satzes
menschlicher
sprache

Einschub Nummer Eins:

Die Welt (und hier meine ich die Welt, wie man sie seit dem Ende des 16. Jahrhunderts bis zum Ende des 19. Jahrhunderts etwa gesehen hat) ist mit Zeichen bedeckt, die entziffert werden müssen, und diese Zeichen, die Ähnlichkeiten und Beziehungen enthüllen, sind selber nur Formen der Ähnlichkeit. Wissen war also bloße Interpretation – ein einfacher Prozeß, Objekte mit Worten in Einklang zu bringen. Das hieß, daß man die Welt verstand, indem man von der sichtbaren Markierung auf das dadurch Gesagte schloß, was sonst stumme, in den Dingen schlummernde Sprache geblieben wäre.

Glücklicherweise sind in unseren modernen Zeiten Kunst und Literatur Ersatz für und nicht Bestätigung der bedeutungsvollen Funktion von Zeichen und Sprache.

Quantenphysik, postimpressionistische Kunst, die neueren Experimente des Dramas, des Films und der Literatur, die nach Joyce kam und zu Beckett und zur Surfiction führte, lehnen die Möglichkeit eines abgehobenen festen Beobachtungsstandpunktes ab und entfernen den Kernpunkt aus der Kreismitte. Das Subjekt wird nicht länger vom Rahmen des Blickfelds des Beobachters eingeschlossen. Statt dessen gibt es ein Energiefeld – ein selbstreflexives Feld –, auf dem Beobachter, Subjekt, Rahmen und Medium interagieren.

In der Gegenwartsliteratur wird dies bündig vom UNBENENNBAREN ausgedrückt, wenn er von seiner eigenen ambivalenten fiktiven Situation spricht: Wie kann ich den Erzähler vom Erzählten unterscheiden? Und ist es wahr, daß Erzähler und Erzähltes, Form und Inhalt, Diskurs und Geschichte in der Surfiction nicht länger voneinander getrennt werden können?

Schlußfolgerung Nummer Eins:

Statt als Spiegel zu dienen oder sich in sich selbst zu vervielfältigen, fügt sich die Gegenwartsliteratur der Welt als Ergänzung an und schafft eine bedeutungsvolle Realität, die es vorher nicht gab. Fiktion ist Kunst, aber nicht künstlich. Es scheint ebenso sinnlos, die kreativen Fähigkeiten des Verstandes betrügerisch zu nennen, wie wenn man die Zeugungsfähigkeiten des Körpers so nennen wollte. Was wir in die Welt setzen, liegt per se jenseits der Sprache, und an diesem Punkt bleibt Sprache natürlich zurück. Doch es ist eine der Funktionen der kreativen Sprache, auf eben diese Weise zurückgelassen zu werden, sich selbst zurückzulassen. Das Wort ist überflüssig, sobald es gesprochen worden ist, aber es muß ausgesprochen werden. Bedeutung existiert nicht vor der Schöpfung, und danach kann sie überflüssig sein.

Theorie Nummer Eins:

Das bringt uns zum Kern der Sache. Es gibt zwei MYTHEN, die seit langem über Kunst, über die meisten Kunstwerke und im speziellen (für unseren Zweck hier) über Werke der Literatur fortgeschrieben worden sind.

Der erste Mythos ist der von der Idee der heiligen Quelle des Werks, von einem übergeordneten Bewußtsein als Ursprung des Werks, anders ausgedrückt: von demjenigen, der das Kunstwerk beobachtet, arrangiert, einrahmt, produziert, erfindet, und dem dieses Kunstwerk gehört – der Mythos vom SCHÖPFER, vom AUTOR!

Traditionell wurde die Vorstellungskraft als die wichtigste, wesentliche und respektabelste Eigenschaft seines Schöpfers angesehen – seine Kraft, sich vorzustellen und zu erfinden, etwas Neues zu schöpfen, etwas, das scheinbar vorher noch nicht da war. Doch dies steht in krassem Gegensatz zu der Behauptung, daß die Bedeutung der Produktion vorangeht. Denn wie kann ein Künstler (in unserem Falle ein Schriftsteller) etwas Ursprüngliches erfinden, wenn die Bedeutung dessen, was er schöpft (dessen, was er schreibt) bereits in der Welt ist, bevor er mit seiner Arbeit beginnt?

Der zweite Mythos (der mit dem ersten verknüpft ist) ist der von der Idee der Originalität. Die Behauptung, daß ein Kunstwerk gut sei, groß, wahr, schön, wertvoll, gar funktional, weil es sich selbst als Original darbietet.

Nun, ich behaupte, daß diese beiden MYTHEN – der der

heiligen Quelle und der der Originalität – am Ende sind, wenigstens bei einem Großteil der heutigen Kunst und Literatur.

Tatsächlich begann die Gegenwartskunst im allgemeinen (und die Literatur im besonderen) über sich selbst zu reflektieren, sich sozusagen nach innen zu kehren und sich sogar selbst zu verulken, um ihren Sinn und ihre Intentionen zu hinterfragen und zu untersuchen, in Frage zu stellen und manchmal zu zerstören, ebenso wie ihre eigenen Produktionsmittel und ihre Kommunikation; dabei wurden diese beiden Mythen abgeschafft.

Indem sie sich selbst von ihrer heiligen Quelle (von der Autorität ihres Schöpfers und seiner wertvollen Vorstellungskraft) trennte, begann die Kunst, die Lüge der Originalität von sich zu weisen (aus ihrem Zentrum zu entfernen). Anders ausgedrückt: die Kunst verließ ihren eigenen Rahmen – den Rahmen, der der Kunst von der Idee eines Ursprungs und eines Zieles aufgedrängt wurde.

Als Resultat kann die gegenwärtige (postmoderne) Kultur keine originalen Kunstwerke (Meisterwerke) mehr produzieren, kann auch keine großen Künstler (Meister) hervorbringen. Sie kann nur Kunstwerke hervorbringen, die sich ähneln, und Künstler, die zumeist die Werke anderer imitieren.

Indem der Schöpfer in seinem Werk über sein Werk reflektiert, indem er die inneren Mechanismen der Kunst betrachtet, entdeckt er (manchmal mit gewissem Zorn, aber auch mit Selbstverspottung), daß er nicht länger Herrscher, Souverän, Höherstehender und omnipotentes Wesen ist – eine prophetenhafte Figur –, nicht länger sein Werk umfassend kontrolliert. Er entdeckt sogar, daß er nicht länger der einzige Besitzer seines Werkes ist, da sein Werk nur eine Imitation, ein Plagiat anderer Werke ist.

Gerade in der Literatur erkannte der Schriftsteller den

endgültigen Betrug dieser romantischen Vorstellung. Die Romantik setzt einen einzelnen, allwissenden SCHÖPFER-BESITZER des Textes voraus – ein Konzept, das über eine ganze Reihe weitergetragener Vorurteile bis auf unsere Tage überliefert worden ist – und nimmt den Text als ausdrückliche Einheit, der einem Kern (DEM AUTOR) entsprungen ist, der dann einem anderen Kern (DEM LESER) vermittelt wird. Die große Entdeckung unserer Tage ist, daß es keine individuellen Besitztümer der Sprache gibt, und daß deshalb PLAGIARISMUS Stoff der Literatur ist, oder wie jemand mal gesagt hat: PLAGIARISMUS ist nicht nur zugelassen, er ist angeraten.

Schreiben wird also zum Exzess, zum Überschuß dessen, was bereits geschrieben wurde. So werden also in der Gegenwartsliteratur alle Gedankengänge über Modelle, Einflüsse, Kausalitäten, Originalität sinnlos. Soll heißen, der Akt des PLAGIIERENS findet nicht statt, nachdem man einen Text als initial oder original gegeben ansieht, selbst wenn ein solcher Text existierte, denn auch dieser wäre zuallererst Reproduktion, Imitation oder Plagiat.

Mit dieser Entdeckung enthüllte die selbstreflexive Literatur den Schöpfer als bloßen PLAGIARISTEN. Angesichts dieser nicht zu leugnenden Wahrheit mußte die Literatur (wenigstens in den vergangenen vierzig Jahren) in sich die Idee, zentraler Verteiler von Text und Bedeutung zu sein, unterdrücken und entfernen.

PRÄ-PLAGIARISTISCHE Literatur (jene Literatur, die an die Idee der Ursprünglichkeit glaubte) funktionierte, als ob ETWAS-DAS-GESAGT-WERDEN-MUSS vor dem Text existierte und als ob der Autor der einzige sei, der dieses ETWAS-DAS-GESAGT-WERDEN-MUSS dem Leser vermitteln konnte. Dabei näherte sich der Autor dem ETWAS-DAS-GESAGT-WERDEN-MUSS und verkaufte es als Original.

Die Gegenwartsliteratur entfernt sich von dem ETWAS-

DAS-GESAGT-WERDEN-MUSS, von jenem ursprünglichen geheimen Ausgangspunkt, der als Original bekannt ist und von dem die Lüge der Originalität stammt. Dabei bestreitet sie die Rolle des Schöpfers als einzigem Bedeutungsvermittler. Außerdem läßt die Literatur bei der Reflexion ihrer selbst, bei der Offenlegung ihrer innersten Geheimnisse (ihrer Mechanismen der Unfertigkeit, der Fehler, aber auch der Möglichkeiten), ihre Maske fallen und zeigt sich selbst als ihr eigener Betrug.

Sie enthüllt, daß es nichts Ursprüngliches an der literarischen Kreation gibt und daß die Imagination des Schöpfers nicht unbegrenzt und unendlich ist, daß der Schöpfer tatsächlich (selbst wenn er seine Vorstellungskraft einsetzt) nicht die absolute Bedeutung imitiert, parodiert, nachäfft und wiederholt, die dem kreativen Akt vorausgeht, nicht damit spielt und sie plagiarisiert, sondern eben das Medium, das das Kunstwerk ausmacht.

Anders ausgedrückt: die Literatur plagiarisiert sich bloß selbst und murmelt vor sich hin, so wie die moderne Malerei nicht etwas außerhalb ihrer selbst repräsentiert (Realität: Mensch und Natur), sondern eher ihr eigenes Medium und ihr eigenes Material (abstrakt oder konkret) zersetzt.

Natürlich bestand die Rolle der traditionellen Kritik (der Kunstkritiker und -geschichtler ebenso wie der Literaturkritiker und -geschichtler) darin, diese falschen Vorstellungen fortzuschreiben und die Wahrheit über die verführerische Funktion des Schöpfers und über die Originalität des Kunstwerks zu verschleiern.

Der traditionelle (und konservative) Literaturkritiker tat dies, indem er den SAKROSANKTEN NAMEN des Autors glorifizierte und bewahrte und die Behauptung von der Originalität eines Werkes der Literatur aufstellte, statt zuzugeben, daß Schreiben nur eine bloße Verschiebung von Sprache ist.
Der traditionelle (und konservative) Literaturkritiker tat

dies durch einen Akt der Substitution: er setzte den NAMEN eines Autors mit dem TEXT gleich.

In dieser Hinsicht arbeitet jener Kritiker ähnlich wie ein traditioneller freudianischer Psychiater, der die Neurosen seines Patienten auf Archetypen reduziert (den Vater, die Mutter, den Phallus, den Ödipus-Komplex), der, mit anderen Worten, die menschliche Existenz auf eine Mimikry der Kindheitsphantasien reduziert.

Tatsächlich aber gibt es keinen PASSENDEN NAMEN und keine URSPRÜNGLICHE FORMULIERUNG. Die Psychoanalyse spricht von ödipaler Reduktion und Substitution, um den Patienten glauben zu machen, daß er in seinem eigenen Namen zu ihm spricht. Eine Falle. Er wird niemals seine eigenen individuellen Wörter sprechen, es wird ihm niemals erlaubt sein, seine eigenen ursprünglichen Wörter zu sprechen. Er wird nur die Wörter wiederholen, die ihm in den Mund gelegt werden. Er mag wohl von Wölfen sprechen, wie ein Wolf heulen, wie ein Wolf handeln, aber der Psychiater denkt an Hunde und antwortet PAPI, und der Patient wiederholt PAPI und denkt, er sei den Wolf in sich losgeworden. So lang dieser Betrug funktioniert, wird er als einfache Neurose bezeichnet, aber wenn er auffliegt, dann nennt man das Psychose. Im gleichen Moment, in dem der Patient davon überzeugt ist, er spreche in seinem eigenen Namen, werden die Bedingungen der Formulierung verändert.

Die traditionelle Kritik vollführt dieselbe Art Reduktion an den literarischen Werken, führt diese auf den RICHTIGEN NAMEN des Autors zurück und auf die RICHTIGE PSYCHISCHE VORAUSSETZUNG, und macht es so möglich, das Rätsel der Vorstellungskraft und der Ursprünglichkeit zu erklären. Doch tatsächlich gibt es keine ursprüngliche Stimme, wie wir nun erkennen, nur eine Stimme in einer Stimme, nur eine Vorstellung, die sich vorstellt, daß sie sich was vorstellt.

Zitat Nummer Vier:

Nirgendwo eine Spur von Leben, sagst du, pah, kein Problem, Vorstellungen noch nicht tot, ja, tot, gut, Vorstellungen tot, stell dir vor.

Einschub Nummer Zwei:

Die Stimme im Zentrum des Kreises kann nicht länger ausdrücken, was außerhalb davon liegt. Sie kann nur ihre eigene Leere widerspiegeln, die Abwesenheit von Ausgefülltheit. SIE KANN NUR AUSSPRECHEN, WAS IN IHR SPRICHT. Diese Stimme kann sich nicht länger auf eine Bezugsgröße außerhalb ihrer selbst verlassen, sie kann nur Ausgangspunkt für die Selbst-Verbreitung ihrer eigenen SprachLOSIGKEIT sein. Sie kann nur davon sprechen, daß NICHTS DA ist – NICHTS NEUES.

Zitat Nummer Fünf:

Die Sonne schien, da sie keine Alternative hat, auf nichts Neues.

Theorie Nummer Zwei:

Diese Nicht-Präsenz (diese Lücke, dieses Loch) im Zentrum des Kunstwerks zuzugeben, heißt zu bestätigen, daß der Schöpfer und seine Vorstellungskraft daraus verjagt worden sind. Natürlich sind traditionelle Kritiker schnell dabei, darauf hinzuweisen, daß diese Situation zum TOD DER LITERATUR führen wird, aber darauf muß man erwidern, daß die Literatur nicht sterben wird, solange sie sich selbst in Frage stellt, und so lange WIR sie in Frage stellen, allerdings nicht, um herauszufinden, wer sie geschaffen hat und aus welcher obskuren Quelle sie stammt, sondern um sie vor dem Veralten zu retten. Das heißt, daß wir ganz von vorn beginnen und offen und ohne Vorurteil fragen müssen: Was heißt es, einen Text zu verfassen? Wer verfaßt einen Text? Wie ist ein Text verfaßt? Oder um die Frage auf eine weitere Art zu stellen, durch WAS und von WEM wird der Text verfaßt?

Es gibt noch so viele Fragen, in denen Autor und Text wechselseitig enthalten sind und gleichzeitig oder abwechselnd als Subjekt und Objekt der Frage fungieren. Autor und Text sind so in einer Bewegung gefangen, in der sie nicht länger voneinander unterschieden werden können, sondern transponiert werden und austauschbar sind, sich gegenseitig erschaffen und aufheben.

Bis vor kurzem war es in der Literaturtheorie üblich, nur in einer Richtung zu denken: ausgehend vom Autor zum Werk, vom Subjekt, das erschafft, zum erschaffenen Objekt.

Dieses (linguistische) Objekt ist in dem Maße als *literarisches Objekt* erkennbar, in dem wir uns klar darüber werden, daß wir es mit einer »freiwilligen« Fabrikation von Sprache zu tun haben. Außerdem unterscheidet sie sich von gewöhnlicher Sprache in doppelter Hinsicht: zum einen wegen des Nützlichkeitscharakters dieser Sprache (Sprache als Instrument); zum andern wegen der Tatsache, daß gewöhnliche Sprache nicht von jemand ganz bestimmtem *produziert* (geschaffen) wird, im Gegensatz zum literarischen Objekt, daß von jemandem zum »Autor« bestimmten fabriziert oder konstruiert wird.

Aber was ist, wenn man den »Autor« als Urheber des »Texts« nirgendwo entdecken kann? Wem gehört der Text dann? Das sind Fragen, auf die die Theorie der Intentionalität keine befriedigenden Antworten mehr geben kann. Ist das Problem der Brauchbarkeit eines Textes (sein Zweck) dasselbe wie das seiner Quelle (oder seines Ursprungs)? Beide Aspekte beziehen sich auf die Frage nach der Besitzerschaft – anders ausgedrückt: auf denjenigen, dem der Text gehört, und auf die Art, wie er gebraucht wird.

Deshalb wartet jede Sprache auf ihren Autor – auf dich, mich, irgendwen –, der die Fiktion daraus hervorbrechen läßt. Man kann nicht länger behaupten, der Schriftsteller sei am *Ursprung* seiner Sprache, da es die Sprache ist, die den Autor erschafft und nicht umgekehrt. Man kann auch nicht länger behaupten, daß Literatur von der *Intention* des Schriftstellers abhänge, unter dem Vorwand, daß er es sei, der seinem Geschriebenen das Etikett »Roman« oder »Geschichte« oder »Gedicht« verleihe, und daß diejenigen, die an der gleichen Geschichte und der gleichen Kultur teilhaben, darin übereinstimmen, dies als solches zu erkennen.

Fiktion (oder Poetik) ist also nicht als vorgegebener (konventioneller) Typus *im* Text zu suchen, sondern liegt in der Sprache selbst verborgen und verstreut, also in der Beziehung zwischen Schriftsteller und Geschriebenem, Leser und Gelesenem, und noch allgemeiner, im Spiel aller Kommunikation.

Abschweifung Nummer Drei:

Wie kann Sprache als Literatur betrachtet werden?
- Durch den Verzicht auf ökonomische Kommunikation.
- Durch das Akzeptieren von Nonsense.
- Durch die Verwirrung der logischen Schlußfolgerungen.
- Durch Gleichgültigkeit gegenüber Effizienz.
- Durch das Risiko, das die Sprache auf sich nimmt, wenn sie spricht.
- Durch die Weigerung, Formeln Einfluß auf das Reale nehmen zu lassen.

– Durch das Ungestüm der Sprache im Hang zur Liederlichkeit.
– Durch die Durchmischung der Sprache im Chaos der Unterschiede.

Theorie Nummer Zwei (Fortsetzung):

Als Ergebnis wird das Kriterium der »Originalität« der künstlerischen Produktion modifiziert und in Frage gestellt. SCHREIBEN heißt zuallererst ZITIEREN. Der Schreiber ist nicht derjenige, der »einer inneren Stimme lauscht«, sondern eher derjenige, der zitiert, der Sprache in Zitate packt; der sie sowohl herausstreicht als auch rückgängig macht, der sie, anders ausgedrückt, zur Sprache *bestimmt.*

Der Schriftsteller ist also weder *innerhalb* noch *außerhalb* seiner Sprache. Er ruht nicht in ihr. Er wandert nur hindurch. Doch wie können wir von »seiner« Sprache reden, wenn die Sprache, die er zitiert, nur geliehen ist? Schriftsteller zu sein stimmt nicht länger mit einer bestimmten Identität überein, sondern mit einer bestimmten *Situation,* die jedem zugänglich ist.

Diese Entmystifizierung der heiligen Funktion des AUTORS und der Idee der ORIGINALITÄT deutet an, daß tatsächlich alle Schriftsteller als PLAGIATOREN bezeichnet werden können, da sie keine Sprache erfinden, sondern sie nach jemand anderem zitieren, der sie selbst nach jemand anderem zitiert, und so weiter.

Einen literarischen Text zu schöpfen ist ein bloßer Prozeß der Sprachverschiebungen, um sie von einem Ort zum anderen zu transponieren. Anders ausgedrückt, schöpfen, sich vorstellen, erfinden, schreiben ist nur ein simpler Akt des Zitierens, des Wiederholens der einen alten Sache, die schon andere zuvor wiederholt haben. Die Vorstellungskraft ist also nur das Werkzeug, das solche offenkundigen Verschiebungen erlaubt. Dies trifft auf die Literatur ebenso zu wie auf alle anderen Künste, besonders die Bildenden Künste.

Einschub Nummer Drei:

Einer der großen Verschieber – PLA[Y]GIATOREN – des 20. Jahrhunderts auf dem Felde der Bildenden Künste war natürlich Marcel Duchamp, der viel dazu beitrug, Schöpfer und Originalität zu entmystifizieren. Der Kern seiner Ästhetik lag in dem Dialog, den er (projiziert in sein Werk) mit dem Betrachter unterhielt. Er glaubte nicht an die absolute Gleichheit zwischen Arbeit und Öffentlichkeit, sondern an den Triumph des Publikums, das Kunstwerke in Totems und Idole verwandelt. Nichts rief in Duchamp stärkeren Spott hervor als die Vorstellung, daß die Intentionen des Künstlers darüber bestimmen, wie sein Werk aufgenommen wird. Deshalb ließ Duchamp stets Unsicherheiten und Verzögerungen zu oder ließ gar seine Arbeiten teilweise unvollendet, und lud den Betrachter ein, seine Kunst zu vollenden. Duchamp hatte keine Angst davor, uns durch seine sogenannten Fabrikationen mitzuteilen, daß er nichts Originelles erfunden hatte, sondern daß wir alle am gleichen kreativen Prozeß teilhaben: daß wir in einem neuen Raum Dinge zusammensetzen, die schon immer dagewesen sind, um so eine neue Betrachtungsweise dieser Dinge zu schaffen.

Ein Großteil der Gegenwartsliteratur funktioniert auf diese Weise. Sie will den Leser beteiligen, will, daß er das Werk vollendet; sie will den Leser teilhaben lassen an der grandiosen Absurdität des kreativen Prozesses. Die selbstreflexive Literatur erlaubt diese Beziehung, dieses Zusammenspiel zwischen zwei Zentren, die das Kunstwerk ausmachen – dem ÜBERMITTLER und dem EMPFÄNGER.

Schlußfolgerung Nummer zwei:

Es scheint also, daß Sprache stets ein Überschuß an Sprache ist. Sie ist also tatsächlich ein übertragbares Gerücht *ad infinitum* in jede Richtung.

Doch dasselbe alte Spiel nach denselben alten Regeln zu spielen, dieselbe alte Sache auf dieselbe alte Weise zu erzählen, wäre wohl kaum ausreichend. Um zu überleben, muß sich die Literatur also neue Regeln geben – Einschränkungen und Zwänge –, obwohl sie sich im klaren darüber ist, daß sie nur dasselbe alte NICHTS NEUES wiederholen kann.

EINBILDUNGSKRAFT ALS PLA[Y]GIARISMUS – ist das eine Behauptung? Ist das eine Frage? Ist das eine Erklärung? Oder ist das eine simple Feststellung der Tatsachen? Die Vorstellungskraft mag sich selbst plagiarisieren, aus Mangel an zu erfindendem Originalem, aber das heißt nicht, daß sie tot ist. Im Gegenteil.

Paß genau auf, sagt die alte Stimme:

> Nirgendwo eine Spur von Leben, sagst du, pah, kein Problem, Vorstellungen noch nicht tot, ja, tot, gut, Vorstellungen tot, stell dir vor.

Und der alte Sprachverschieber spielt weiter und playgiarisiert.

Die Vorstellungskraft ist nicht tot. Tot ist eher die alte Vorstellung, daß Literatur einen Schöpfer haben und originell sein muß, um zu sein. Gegenwartsliteratur arbeitet in ihrer selbstreflexiven plagiaristischen Weise auf eine Non-Repräsentierung und Non-Expression hin, in dem Bemühen, sich von der Autorität ihres Schöpfers und der Last der Originalität zu befreien. Sie tut dies, indem sie die Sprache scheinbar bedeutungslos, ausdruckslos, sozusagen blank läßt, aber auch indem sie den Besitz der Schöpfung vom Autor weg zum Leser hin verlegt.

In diesem Sinne stellt sich die Vorstellungskraft vor, wie

sie weitermachen und sich gleichzeitig eingestehen kann, daß sie nur weitermachen kann, indem sie wiederholt und sich spielerisch selbst plagiarisiert – indem sie einfach ihre eigenen Gerüchte und Ergüsse herunterrasselt.

Noch besser wird dies von Becketts *Namenlosem* ausgedrückt, jener gesichtslosen, namenlosen Figur, durch die die Sprache spricht, jener grandiosen Figur, die den Schöpfer und die Vortäuschung von Originalität aus seiner Fiktion entfernt hat:

Ich kann nicht schweigen. Über mich muß ich nichts wissen. Soweit ist alles klar. Nein, alles ist nicht klar. Aber der Diskurs muß weitergehen. Also erfindet man Unklarheiten. Rhetorik.

Ich kann mich nicht erinnern, ob ich das geschrieben oder gelesen habe!

5. Lektion
Was sind experimentelle Romane und warum werden so wenige davon gelesen?

Ich spiele hier natürlich mit dem Titel von Gertrude Steins Aufsatz: »Was sind Meisterwerke und warum gibt es so wenige davon?«

Es war einmal (vor gar nicht so langer Zeit), da war der Roman noch respektabel und respektiert, da gab es für den sogenannten »experimentellen« Roman sogar Platz auf dem Markt der Publikationen (manche Menschen bevorzugen heute dafür den Titel »innovative« Literatur), und man schämte sich, zugeben zu müssen, nicht die neuesten Romane gelesen zu haben.

Es war wirklich peinlich, zur Antwort geben zu müssen, nein, hab ich nicht, wenn man gefragt wurde: Hast du *Marjorie Morningstar* gelesen? – oder sagen wir mal, da wir ja über die ernste Literatur reden: Hast Du *Lie Down in Darkness* gelesen? Ja, es war beschämend, zuzugeben, nein, hab ich nicht!

Irgendwie fühlte man sich in jenen Zeiten schuldig, wenn man keine Bücher las – all die Bücher, die guten Bücher (experimentell oder nicht). Aber andererseits, warum sollte man sich als Leser von einem Buch Schuldgefühle einreden lassen? Zum Teufel damit!

Dann kam die Zeit, als man ohne Scham antwortete: Nein, habe ich noch nicht gelesen, aber ich habe die Kritiken gesehen! Das war die Zeit, als die Literatur, um zu existieren, von den dafür vorgesehenen Autoritäten ratifiziert werden mußte.

Heute beantwortet man die Frage: Hast Du John Barths

Letters gelesen, ohne Scham, ja gar provozierend: Och, nur etwa 40 Seiten ... ich habe nur das erste Drittel geschafft ... ich hab 100 Seiten fertiggekriegt und dann aufgegeben ... (Es gibt natürlich Ausnahmen – Fanatiker. Masochistische Leser, oder jene, die Gore Vidal als »... ritterliche Leser« bezeichnet, »die ihr Leben in einer zweifelhaften Schlacht mit seriösen Texten wagten und gescheitert sind – ihre Namen kennt nur jener Gott, der das Curriculum verfaßt«, und die »den Mut haben«, so Gore Vidal weiter, »ein Buch zu lesen, das ganz einfach niemals von irgend jemandem gelesen werden kann«).

Und das gilt natürlich für Romane wie *Ada* (Nabokov; dt.: *Ada oder das Verlangen*), *Gravity's Rainbow* (Pynchon), *JR* (Gaddis), *Mulligan Stew* (Sorrentino), aber das sind ja auch DICKE Bücher (obwohl ich nicht einsehe, was Format/Länge/Gewicht eines Buches mit seiner Lesbarkeit zu tun haben!). Aber was ist mit den Romanen und Geschichten von Walter Abish, Steve Katz, Ronald Sukenick, Clarence Major, George Chambers und vielen anderen, die keine DICKEN Bücher schreiben und dennoch als unlesbar abgestempelt werden?

Die Frage also: Wird ein Buch als »unlesbar« tituliert, weil es experimentell ist (a priori oder a posteriori)? Oder wird es als »experimentell« tituliert, weil es ungelesen bleibt? EXPERIMENTELL – steht drauf: eine billige Ausrede also, um das Buch links liegenzulassen, einen Roman fallenzulassen, und sich so der Konsequenzen zu entziehen, die aus einer Beziehung zum Text entstehen. Wie unverantwortlich, den Schriftsteller/Text/Leser-Vertrag für ungültig zu erklären (besonders wenn man für das verdammte Ding DM 14,80, DM 16,80, DM 28,80, bezahlt hat).

Vielleicht ist es wieder mal an der Zeit zu fragen, was ist ein Experiment? Vielleicht ist es wieder mal an der Zeit, zurück zu den Anfängen zu gehen und die genaue Definition zu überprüfen, um so weitere Verwirrung zu vermeiden.

In meinem (ungekürzten) *Webster's Third New International Dictionary* steht es ähnlich wie in Ihrem *Duden:*

Experiment, das; – [e]s. -e [lat. experimentum = Versuch, Probe; Erfahrung, zu: experiri = versuchen, erproben]: 1. wissenschaftlicher Versuch, durch den etw. entdeckt, bestätigt od. gezeigt werden soll: ein chemisches, psychologisches Experiment.; das E. gelingt, mißglückt; ein E. durch-, vorführen; -e an, mit Tieren; -e [mit jmdm., etw.] anstellen; etw. im E., in, an -en zeigen. 2. [gewagter] Versuch, Wagnis; gewagtes unsicheres Unternehmen: ein kühnes, gefährliches E.; das politische E. der Demokratisierung, der freiheitlichen Demokratie; wir wollen keine -e machen [nur] keine -e! (wir wollen uns auf kein Risiko einlassen!) experimentell (Adj.): 1. auf Experimenten beruhend, mit Hilfe von Experimenten [erfolgend]: die -e Physik, Psychologie; -e Methoden, Ergebnisse; etw. e. nachweisen. 2. (Kunst, Literatur, Musik) (versuchsweise) mit besonderen, neuartigen, ungewöhnlichen, fremd wirkenden künstlerischen Mitteln frei gestaltet, komponiert: ein -es Foto, Gedicht, Musikstück; -er Stil.

Wie interessant! Wie faszinierend! Unglaublich, wie diese Definitionen immer genau den Punkt treffen (durchaus mit einer Spur Ironie) und für sich selbst sprechen.

Ich reflektiere, meine Gedanken spinnen weiter, lassen aus, spielen Himmel-und-Hölle (wie immer playgiaristisch): Der Durchschnittsroman verfehlt sein Ziel, weil er den Leser auf dessen eigenes Umfeld begrenzt; je stärker umgrenzt dieses ist, desto höher im Kurs steht der Schreiber. Statt dessen sollten wir uns an einem Text versuchen, der sich nicht an den Leser krallt, sondern ihn zum Komplizen macht, indem er ihm unterhalb der konventionellen Darstellung andere esoterischere Richtungen zuraunt. Ein

Erzählfaden, der nicht als Vorwand zur Übermittlung einer Botschaft dient – (es gibt keine Botschaft, nur Botschafter, und das ist die Botschaft, so wie die Liebe immer der ist, der liebt).

Mittags mit einigen Kollegen aus dem Englischen Seminar (man kann ja nicht den ganzen Tag denken, schreiben und Wörterbücher wälzen). Wir reden übers Geschäft:

»Was unterrichtest du dieses Semester?«, frage ich V.D., um etwas Konversation zu treiben. »Ein Oberseminar über den amerikanischen Gegenwartsroman«, antwortet V.D. Das interessiert mich. Ich fahre fort: »Wen liest du?«

»Och, n'bißchen Bellow, Malamud, Singer, Roth, Heller, Gardner und den neuen Styron. Das übliche, du weißt schon.«

»Wenn die letzten beiden nicht wären«, sage ich, ohne im mindesten witzig sein zu wollen, »könnte das ein Kurs über den jüdischen Roman sein ... Kein Barth?«

»Ja, doch, einen frühen. *The End of the Rainbow.*«

»Und was ist mit Pynchon? *Gravity's Rainbow*! Das ist doch ein wichtiges Buch, glaube ich.«

Ich mag V.D., er ist ein ernsthafter Gelehrter und ein echter Kumpel (wir spielen einmal die Woche Tennis miteinander).

»... Und was ist mit Hawkes, Gass, Coover«, ich zögere, »Sukenick?«

»Ach, das Zeug ist doch unlesbar!«, sagt V.D. mit einer Grimasse. Unlesbar! (Er muß sich wohl geärgert haben, letzte Woche habe ich ihn 6-2, 6-1 geschlagen.) Wie kann ein Englisch-Professor feststellen, was lesbar und was unlesbar ist? Das spreche ich nicht laut aus, das denke ich nur bei mir. »Und was ist mit dir? Was gibst du?«, frage ich C.B. »Ein Grundseminar über den Modernen Europäischen Roman.« Ich bin fasziniert. Ich stelle mir ein paar arme Zweitsemester vor, die sich mit Philippe Sollers herumplagen, mit Maurice Roche, Georges Perec, Ludovic Janvier ... (das Tier in mir denkt neuerdings Französisch und außerdem falle ich oft in die Sicherheit meiner Muttersprache zurück, wenn ich von der Gegenwartsliteratur spreche).

»Wir werden mit Joyces *The Portrait of the Artist as a Young Man* (dt.: *Das Porträt des Künstlers als junger Mann*) anfangen«, wagt sich C.B. vor, während er an seinem Tiffinburger kaut, »dann Kafkas *Verwandlung*, einen Camus, ich bin mir noch nicht ganz sicher, welchen, dann ein oder zwei Deutsche (C.B. hat seinen Dr. in Vergleichender Literaturwissenschaft gemacht, Englisch/Deutsch), Günter Grass, vielleicht Heinrich Böll, und dann hören wir mit einem Beckett auf, einem frühen, Murphy vielleicht, die späteren Romane sind zu obskur. Du weißt schon, sechs oder sieben Romane.«

»Keine üble Liste ... Aber kein Calvino? Du weißt schon, *Cosmicomics, t/zero, Invisible Cities* (dt.: *Die unsichtbaren Städte*).« Ich werfe die Titel ein, um meinen Kollegen zu imponieren.

»Das Zeugs ist doch zu schwer für Grundstudenten, zu mühselig.« C.B. hat seinen Hamburger Deluxe aufgegessen und schlürft nun seinen Kaffee. »Ich bin nicht sicher, daß es ihnen was bringt, wenn sie diese Bücher lesen. Und außerdem verfügen sie nicht über das notwendige Hintergrundwissen.«

Ah ja, die Frage nach der Notwendigkeit!

Wieder Gertrude Stein: »Deshalb muß ein Meisterwerk nicht unbedingt notwendig sein (und hier könnte man im Augenblick, wenn Sie wollen, experimenteller Roman sagen, ohne allerdings zu behaupten, daß alle experimentellen Romane Meisterwerke sind, ganz im Gegenteil), das Meisterwerk muß sein im Sinne von existieren, aber es muß nicht notwendigerweise sein, es ist keine Antwort auf eine

Notwendigkeit wie eine Handlung, denn in der Minute, in der es notwendig ist, birgt es in sich keinerlei Möglichkeit, weiterzumachen.«

Genau! Warum sich also mit der Unlesbarkeit herumschlagen? Besonders wenn es nicht notwendig ist und es soviel »lesbares Zeugs« gibt.

Aber was heißt lesbar? Ich kann nicht widerstehen – also geht es schon wieder los, zurück zu meinem *Webster's* oder besser zu Ihrem *Duden:*

lesbar (Adj.) 1. für die Augen zu entziffern u. sich lesen lassend: eine -e Schrift. 2. verständlich geschrieben, so daß die Lektüre keine Schwierigkeiten bereitet: der knappe Stil macht das Buch gut 1.;
Lesbarkeit, die; -: das Lesbarsein.

Ich versteh schon! Lesbarkeit ist also: das, was klar ist, einfach, leserlich, gefällig, interessant, anders ausgedrückt, das, was uns in einem Text (einem Roman) eine Bestätigung dessen erfahren läßt, was wir schon wissen, was uns erfreut, weil wir die Welt leicht und auf gefällige Weise (auf einen Blick) wiedererkennen und wir uns (auf einen weiteren Blick) in die Welt versetzt sehen durch das, was wir lesen. Lesbarkeit: das, was sofort und klar erkennbar ist und uns so in uns selbst und außerhalb unserer selbst in der »Realität« der Welt Orientierung verschafft. Lesbarkeit: was uns zurückführt vom Text zur Welt, zur Sicherheit der Welt, und was uns deshalb Freude bereitet – die Freude der leichten Wiedererkennbarkeit!

Natürlich: »(Ein Schriftsteller) kann nicht schreiben wollen, *was man nicht lesen wird.* Und doch ist es gerade der Rhythmus zwischen dem, was man liest, und dem, was man nicht liest, der die Lust an den großen Erzählungen ausmacht: Hat man jemals Proust, Balzac, *Krieg und Frieden* Wort für Wort gelesen? (Das Glück bei Proust: Bei jeder

Lektüre überspringt man andere Passagen, niemals dieselben.)« Ich nehme an, das ist mit der *Lust am Text* gemeint: »... Ich genieße an einer Erzählung also nicht direkt ihren Inhalt, nicht einmal ihre Struktur, sondern vielmehr die Kratzer, die ich auf dem schönen Umschlag hinterlasse: Ich überfliege, ich überspringe, ich sehe von der Lektüre auf, ich versenke mich wieder in sie.«

Doch hier liegt ein Paradox (und Roland Barthes weiß das): »Man lese einmal langsam, man lese *alles* von einem Roman von Zola, und das Buch wird einem aus den Händen fallen; man lese dagegen schnell und nur diagonal einen modernen Text (sagen wir John Barths *Letters*), und dieser Text wird undurchsichtig, der Lust unzugänglich: Man wartet, daß etwas passiert und es passiert nichts; denn *was der Sprache passiert, passiert nicht dem Diskurs.*«

Erste Schlußfolgerung: Wenn »Lesbarkeit« *die Freude des Wiedererkennens* ist (leichtes erfreuliches referentielles Wiedererkennen), dann ist »Unlesbarkeit« *die Agonie des Nichtwiedererkennens.*

Unlesbarkeit: was uns in einem Text (besonders in einem experimentellen Roman) in Bezug auf uns selbst verwirrt (und ich meine hier nicht die schiere Masse, den Schwierigkeitsgrad, die Selbstreflexivität, oder wie ermüdend der Text ist – das sind nur faule Ausreden). Unlesbarkeit: was uns davon abhält, zu erkennen, daß etwas geschieht, uns aber auch davon abhält, aufzuschauen, weg vom Text, was uns also an die Sprache kettet.

Man muß sich mal vorstellen, wie verwirrt, wie verzweifelt ein Leser sein muß, wenn er einen Text liest, in dem »zweimal nichts passiert«, wie in einigen Romanen und Stücken von Beckett, oder in dem die Sprache in eine bedeutungsleere Richtung läuft und deshalb nichts meint, wie in einigen Geschichten Barthelmes, oder in dem alles ausgelöscht wird, wie in meinem eigenen Roman *Take It or Leave*

It (entschuldigen Sie diesen narzißtischen Querverweis, aber das Tier in mir denkt oft intertextuell, wenn es über experimentelle Literatur schreibt).

Allerdings ist »Schreiben nicht die lebendige Wiederholung des Lebens«, wie ich immer betone, und man sollte hinzufügen, »Lesen ist immer wahllos.«

Die Lust, die ein Text uns schenkt, liegt im Wiedererkennen des eigenen Wissens, besser gesagt unserer Kultur (ich paraphrasiere hier) – im (rechtschaffenen) Wiedererkennen, wie kultiviert wir doch sind, und konsequenterweise, wie total, wie verständig, kontinuierlich, rational, wie heil, wie sicher wir in unserer Kultur sind. Der lesbare Roman bestätigt uns darin.

Und was ist mit dem unlesbaren Roman? Und genau, Roland Barthes nimmt in *Le Plaisir du texte* (dt.: *Die Lust am Text*) eine wichtige Unterscheidung zwischen diesen beiden Texttypen vor: 1) »Text der Lust: der befriedigt, erfüllt, Euphorie erregt; der von der Kultur herkommt, nicht mit ihr bricht, an eine *behagliche* Praxis der Lektüre gebunden ist.« Das wäre also der lesbare Text. 2) »Text der Wollust: der in den Zustand des Sichverlierens versetzt, der Unbehagen erregt (vielleicht bis hin zu einer gewissen Langeweile), die historischen, kulturellen, psychologischen Grundlagen des Lesers, die Beständigkeit seiner Vorlieben, seiner Werte und seiner Erinnerungen erschüttert, sein Verhältnis zur Sprache in eine Krise bringt.« Der unlesbare Roman – im Supermarkt der Bücher besser bekannt als »der experimentelle Roman«.

Nun hätten wir es also! Zweite Schlußfolgerung: a) der übliche (lesbare) Roman, jener, der »mit einer behaglichen Praxis der Lektüre« verknüpft ist; b) der experimentelle (unlesbare) Roman, jener, der das Verhältnis (des Lesers) »zur Sprache in eine Krise bringt« und die Kultur unterminiert.

Aber das steckt noch mehr dahinter: Es steckt etwas behagliches in der Lesbarkeit, weil der Text den Leser an die Realität zurückverweist oder dem Leser erlaubt, sein kleines geistiges Kino des Realismus jenseits der Sprache abzuspulen. Und wieder wird Lesbarkeit mit Realität gleichgesetzt – und seit neuestem auch mit »Moral«.

Lehne die Realität ab, verbaue den referentiellen Zugang zur Realität, und dein Roman wird unlesbar sein, und unlesbar ist heutzutage unmoralisch!

Reflektiere über deine Sprache, schreibe Sprache, untersuche deine Beziehungen zur Sprache innerhalb der Spiegel des Texts, und du wirst augenblicklich denunziert, angegriffen und des »Experimentierens« für schuldig befunden und deshalb als unlesbar abgestempelt!

Der wahre Schreiber, so sagt man uns, schreibt über Menschen, wirkliche Menschen, Dinge und Ereignisse, er schreibt nicht übers Schreiben, er benutzt Wörter, aber er denkt nicht über sie nach, macht die Wörter nicht zum Gegenstand seiner Betrachtungen. Der wahre Schreiber ist alles andere, bloß kein Anatom der Sprache. Das Sezieren der Sprache ist der bloße Einfall derer, die über das Schreiben schreiben, weil sie nichts zu schreiben haben, und auf diese Weise sinnlose und unmoralische »Wort-Strukturen« erfinden. Und die Wachhunde der Kultur und Moral sind schnell dabei, darauf hinzuweisen, daß solche Aktivitäten »als kaum mehr als die obligaten Übertreibungen der Eigenwerbung der Avantgarde abgetan werden kann, der Lärm des Extremismus, der nötig geworden zu sein scheint, um sich über dem Gemurmel der Konkurrenz Gehör zu verschaffen«.

Natürlich sind die, die so was sagen, genau diejenigen (die 40-Seiten-Leser), die niemals wirklich einen experimentellen Roman in seiner Gänze gelesen haben, und das nur, um ihre eigene moralische gute Gesundheit zu beschützen.

Dennoch aber sind sie mit dem Rat für den Schriftsteller schnell bei der Hand, er solle schreiben, was er sieht, was er weiß, woran er sich erinnert, wenn er gelesen werden will, denn wenn er schreibt, was er nicht sieht, was er nicht weiß, woran er sich nicht erinnert, dann wird er sicherlich ungelesen bleiben.

Ganz im Widerspruch dazu gestehen jene, die es verabscheuen, daß die *Literatur* sich *gegen sich selbst* gewendet hat, weil sie sich nur mit ihrer eigenen Sprache befaßt – jener »Korruption der Sprache«, und nicht mit der sozialen, politischen und historischen Realität (was immer noch als Humanismus bekannt ist) – ein (da sie in der seriösen Literatur von heute keine andere Wahl haben, und um im großen Fiasko der Realität nicht das Gesicht zu verlieren, nehme ich an), daß Schriftsteller vielleicht versuchen sollten, »die Unwirklichkeit der Wirklichkeit« zu beschreiben, wenn es nun denn schon so weit gekommen ist. Alles zur Erhaltung der mimetischen Falschmünzerei. Aber das ist so, als wolle man einen abstrakten Maler (zum Beispiel Clifford Still) bitten, kleine erkennbare Gegenstände und Wesen in seine Bilder zu malen, damit man außer Farbe wenigstens etwas *sehen* könne.

Nun mögen manche Menschen sagen, daß diese Situation nicht sehr ermutigend sei, doch muß man darauf entgegnen, daß sie nicht dazu da ist, jene zu ermutigen, die das sagen – normalerweise aus Verzweiflung.

Oder, wie Gertrude Stein erläutert: »All das klingt fürchterlich kompliziert, aber das ist es ganz und gar nicht, es ist nur das, was geschieht. Ein jeder von ihnen versucht sich beim Schreiben daran zu erinnern, worüber er schreiben wollte, und man bemerkt sofort, wie leblos das Schreiben wird, das ist der Grund, warum expositorisches Schreiben so langweilig ist, weil alles erinnert ist, das ist der Grund, warum Beschreibung so langweilig ist, weil sie sich erinnern, wie jemand aussah und sie ihre Beschreibung ebenso aussehen lassen. In dem Augenblick, in dem ihr Gedächtnis einsetzt, während sie irgendwas machen, mag das sehr populär sein, aber eigentlich ist es langweilig. Und genau das ist ein Meisterwerk nicht (hier können wir wieder den gleichen Einschub machen wie zuvor), es mag nicht willkommen sein, aber es ist niemals langweilig.«

Das führt uns zu weiteren Betrachtungen über den Roman von heute:

Kann man sagen, daß das experimentelle Werk uns von der Illusion der Wirklichkeit befreit, indem es den Betrug des »üblichen« Romans entlarvt, der dahin tendiert, ›Dasein‹ über alles zu stellen und die Mehrdimensionalität außer acht zu lassen?

Ich glaube eher, daß das experimentelle Werk uns einschließt. Denn das Ziel bleibt das gleiche: Es ist stets eine Frage des Ausdrucks, der Übersetzung von etwas, was schon da ist – selbst wenn dieses Da-sein in dieser neuen Perspektive paradoxerweise im Nicht-da-sein besteht.

Anders ausgedrückt: der Roman kann in gewisser Hinsicht der Realität nicht entrinnen, denn auch Sprache ist *eine* Realität. Diese Hypothek lastet auf uns seit den Ursprüngen des Romans (und nicht erst seit dem 19. Jahrhundert), seit der Zeit, als der Roman, um sich selbst vom Verdacht der Frivolität zu befreien, sich als Werkzeug des Wissens darstellen mußte.

Aber wir wollen uns nichts vormachen, die Wirklichkeit als solche hat nie wirklich irgend jemanden interessiert; sie ist eine Form der Ernüchterung und war es immer. Was die Realität manchmal so faszinierend erscheinen läßt, ist die imaginäre Katastrophe, die sich dahinter verbirgt. Der Schriftsteller weiß dies und schlachtet das aus.

Sie glauben doch nicht, daß Macht, Ökonomie, Krieg, Frieden, Sex, all die großen Tricks der Realität (und noch viele andere) auch nur einen kleinen Augenblick Bestand gehabt hätten ohne die Faszination, die sie aufrechterhält, und die tatsächlich von dem Umkehrspiegel herrührt, in dem sie reflektiert werden – eine Faszination, die aus der endlosen Umkehrung erwächst und aus dem sensiblen und in der Katastrophe lauernden Glück. Besonders heute, wo die Wirklichkeit nur ein Scheiterhaufen toter Materie, toter Menschen, toter Sprache ist.

Edgar Allan Poe hatte schon so recht, als er den aufkeimenden Realismus des 19. Jahrhunderts als bedauernswertes Zeug bezeichnete, das die Kaufleute erfunden hätten, um verschimmelten Käse zu beschreiben.

Die Geschichte des Romans ist nichts anderes als der Erfolg seiner Bemühungen, eine Realität zu »appräsentieren« und nicht zu »repräsentieren«, eine Realität, die sich stets entzieht, stets die groben Spiegel durch feinere Spiegel ersetzt – wählerische Spiegel.

Doch in anderer Hinsicht ist der Roman durch eben diese Realität nichts anderes als eine Denunziation der Illusion, die ihn belebt. Alle großen Romane sind kritische Romane (anders ausgedrückt, experimentelle Romane), die unter dem Vorwand, eine Geschichte zu erzählen, Figuren ins Leben zu rufen und Situationen zu interpretieren, uns die Fata Morgana einer faßbaren Form vorgaukeln. Jedes fiktive Werk bildet von seinem »undenkbaren« Beginn bis zu seinem »unmöglichen« Ende einen Block, einen autonomen Block: nichts kann daraus entfernt, nichts geändert werden. Gerade das macht den Roman so verlockend.

Wir glauben, darin den Ausdruck unserer Einheit zu entdecken; dabei manifestiert sich doch darin tatsächlich nur unser Wunsch nach dieser Einheit. Wir glauben, während wir uns in Bezug dazu setzen (und in Bezug dazu gesetzt werden), daß wir das Wesen entdecken und finden werden, das wir bereits sind. Doch dieses Wesen, dieser Jemand existiert nur in dem Werk und nicht außerhalb davon: er ist dessen Produkt und nicht dessen Quelle. Und all dies, weil der Kern des literarischen Diskurses (ob experimentell oder nicht, macht letztlich keinen Unterschied) – anders ausgedrückt: eines ein für alle mal festgeschriebenen Diskurses (ob wir ihn nur mögen oder nicht, lesen oder nicht) – darin liegt, in sich selbst die eigenen Bezugspunkte zu finden, die eigenen organisatorischen Regeln, und nicht in den wirklichen oder eingebildeten Erfahrungen, auf der er beruht.

Durch alle nur denkbaren Umwege hindurch wird sich das schreibende Subjekt niemals selbst im Roman zu fassen bekommen: er wird nur den Roman zu fassen kriegen, der ihn per Definition ausschließt. Und das trifft natürlich auch auf den Leser zu.

Und so schreibt Gertrude Stein – letzte Schlußfolgerung –: »Es trifft stets zu, daß das Meisterwerk (also der experimentelle Roman) nichts mit der *menschlichen Natur* oder mit *Identität* zu tun hat, sondern mit dem *menschlichen Verstand* und der *Einheit*, soll heißen, mit dem Ding an sich und nicht mit den Beziehungen« (meine Hervorhebungen).

Und das ist der Grund, WARUM SO WENIGE EXPERIMENTELLE ROMANE GELESEN WERDEN!

1. Auskunft
Eine Stimme in einer Stimme

Manchmal verwechsle ich mich mit meinem Schatten und manchmal nicht.

Samuel Beckett, *The Unnamable*

In mir spricht eine Stimme in einer Stimme, widerspricht sich zweisprachig, auf Französisch und Englisch, einzeln, aber manchmal auch gleichzeitig. Diese Stimme spielt ständig Verstecken mit ihrem Schatten. Daran ist nichts Ungewöhnliches. Viele Menschen an vielen Orten dieser Welt sprechen zwei, drei oder noch mehr Sprachen. Ob ich diese beiden Sprachen (Französisch und Englisch) beherrsche, ist eine Frage, die zu beantworten mir nicht ansteht. Doch bleibt die Tatsache, daß ich ein zweisprachiges Wesen bin, ein doppelköpfiger Murmler, also auch ein bikulturelles Wesen. Die ersten zwanzig Jahre meines Lebens habe ich in Frankreich verbracht, also innerhalb der französischen Sprache und Kultur, und die letzten fünfunddreißig Jahre (mehr oder weniger) in Amerika, also innerhalb der amerikanischen Sprache und Kultur. Meine sozialen und kulturellen Aktivitäten spiegeln dies wider.

Aber ich bin auch ein zweisprachiger Schriftsteller. Ich schreibe auf Französisch und Englisch, und das kommt vielleicht weniger oft vor. Und außerdem übersetze ich manchmal meine eigene Arbeit vom Englischen ins Französische oder umgekehrt. Diese Eigenübersetzungsarbeit ist auf dem Gebiet des dichterischen Schreibens sicher nicht allzu häufig anzutreffen. In dieser Hinsicht bin ich also ein Phänomen. In Frankreich würde man sagen: *Federman, c'est un drôle de phénomène.* Und manchmal frage ich mich wirklich, ob ich mit diesem Phänomen, zweisprachiger Schriftsteller und Eigenübersetzer zu sein, gesegnet oder eher geschlagen bin.

Die Tatsache, daß ich ein zweisprachiger Schriftsteller bin, geworden bin, ist ein Zufall der Geschichte ebenso wie ein Zufall meiner eigenen persönlichen Erfahrung. Jedenfalls werde ich oft gefragt, ob ich französisch oder englisch denke, französisch oder englisch träume. Und meine übliche Antwort darauf (auf Cocktail-Parties, auf dem Golfplatz, bei gelegentlichen intellektuellen Zusammenkünften), da man solche Fragen beantworten muß, und sei es nur um irgend etwas zu erwidern, lautet, daß ich sowohl auf Französisch als auch auf Englisch denke (und träume), oft sogar simultan.

Genau das meine ich mit der Stimme in der Stimme.

Heutzutage scheint es großes Interesse für die Frage nach Zweisprachigkeit und Vielsprachigkeit zu geben. Vor kurzem bat mich eine Bekannte, die ein Buch über eben jene »zweisprachigen Schriftsteller« schreibt – Autoren wie Vladimir Nabokov, Joseph Conrad, Elsa Triolet, Samuel Bekkett und andere –, in einem Brief, Auskunft zu geben über meine eigene zweisprachige Situation und um die Beantwortung einiger Fragen.

Obwohl ich zweisprachig existiere, in meinem Leben und in meinen Arbeiten, habe ich eigentlich nie versucht, eine Theorie meiner Zweisprachigkeit aufzustellen. Es war deshalb eine interessante Herausforderung, die Fragen meiner Bekannten (sie heißt Elizabeth) zu beantworten, die sich, wie sie sich ausdrückte, mit dem Ort der Zweisprachigkeit beschäftige, mit dem Raum zwischen den beiden Sprachen, der Vertikalität im Gegensatz zur Horizontalität der Zweisprachigkeit, den Periodizitäten des Wechsels, dem Horror der Selbstübersetzung usw.

Darauf schrieb ich zur Antwort:

Normalerweise hinterfrage und analysiere ich meine schizophrene Zweisprachigkeit nicht. Ich nehme sie einfach hin und lasse sie in mir und außerhalb meiner selbst geschehen. Ich habe keinerlei Vorstellung davon, auf welcher Hirnseite die beiden Sprachen jeweils lokalisiert sind. Ich glaube, die beiden Sprachen in mir treiben es in der gleichen Zelle miteinander. Aber da Du in meiner ambivalenten (meiner beidhändigen) Psyche herumstocherst, kann ich Dir verraten, daß ich glaube, auf Französisch linkshändig und rechtshändig auf Englisch zu sein. Ich mach keinen Witz. Ich bin (in Paris, vor vielen Jahren) als Linkshänder geboren, aber als ich mir mit neun oder zehn (ich habe vergessen, wann genau) das linke Handgelenk brach, wechselte ich die Hand. Es gibt Dinge, die ich nicht mit rechts kann (wie Zähneputzen oder Ballwerfen), und andere, die ich nur mit rechts kann (wie Schreiben oder Tennisspielen). Ob das etwas mit meiner Zweisprachigkeit zu tun hat?

Was mich erstaunt, aber vielleicht sollte das nicht sein, ist, wie genau ich in das Schema passe, das Du in Deinem Aufsatz beschrieben hast (Elizabeth hatte ihrem Brief eine Kopie eines Essays beigelegt, den sie gerade veröffentlicht hatte; er hieß »Prolegomena zu einer Studie über zweisprachige Schriftsteller«, darin zeigt sie bestimmte Verhaltensmuster zweisprachiger Autoren auf, wie zum Beispiel periodische Ablehnung der einen Sprache zugunsten der anderen, oder das Bedürfnis, das zweisprachige Autoren anscheinend haben, in ihren späteren Lebensjahren zu ihrer Muttersprache zurückzukehren). Wenn ich mich betrachte, gerade jenseits der Mittelgrenze meiner literarischen Karriere, dann entdecke ich, daß ich mich im Englischen wohler fühle als im Französischen. Das heißt allerdings nicht, daß ich Französisch völlig abgelegt habe – meine Muttersprache.

Ich habe sie nur für den Augenblick beiseitegeschoben. Doch jedesmal, wenn ich ein neues Buch beginne, gibt es in mir einen Kampf der beiden Sprachen darüber, welche ich verwenden soll.

»Wie siehst Du Dich«, fragte Elizabeth, »im Vergleich zu Samuel Beckett. Und sollte man den Fall Samuel Beckett untersuchen? Er liegt doch schon so weit hinter uns.« Was Zweisprachigkeit und Selbstübersetzung angeht, ist Beckett ein Übermensch, ein Engel. Er kommt von oben. Ich bin nur ein normaler Sterblicher, ich komme von unten, aus der Höhle. Ja, natürlich sollte der Fall Beckett untersucht werden, ganz genau sogar. Meiner Meinung nach stellt Beckett den erstaunlichsten Fall eines zweisprachigen Schriftstellers dar, denn er hat, zumindestens seit 1945, sein Werk in zwei Sprachen erstellt, und das bis zu einem Grad, daß SPRACHE EINS und SPRACHE ZWEI völlig austauschbar werden. Bei Beckett ist es völlig irrelevant zu fragen, welcher Text zuerst geschrieben wurde. Seine Zwillingstexte – ob Französisch/Englisch oder Englisch/Französisch – sind nicht für ein hintereinander folgendes Lesen bestimmt, sollen nicht als Übersetzungen oder Substitute des anderen gelesen werden, sie sind komplementär. In gewisser Hinsicht betrachte ich mein eigenes Werk, meine zweisprachige Arbeit auf die gleiche Weise – die beiden Texte (gleich ob zuerst auf Englisch oder auf Französisch verfaßt) ergänzen und vervollständigen einander.

»Entdeckst Du in dem, was ich in meinem Aufsatz sage, etwas, was Dir irgendwie vertraut ist«, fragte Elizabeth. Ja, das meiste davon, besonders das Problem der periodischen Wechsel (ich scheine ständig zwischen den beiden Sprachen zu oszillieren) und auch das, was Du den Horror der Selbstübersetzung nennst (es treibt mich jedesmal in den Wahnsinn, wenn ich mich daran mache, mich selbst zu übersetzen, obwohl ich in letzter Zeit auch die ständige Versuchung spüre, genau dies zu tun, als ob es in mir einen tiefen Drang gäbe, alles, was ich geschrieben habe, sofort in der anderen Sprache zu sehen). Es gibt allerdings auch ein paar Punkte in Deinem Aufsatz, von denen ich abzuweichen scheine, doch das hat wohl eher etwas mit meinen Verstandeseigenheiten zu tun.

Es kommt mir nicht so vor, daß es in mir einen Raum zwischen den beiden Sprachen gibt, der sie von einander trennt, wie das bei einigen der zweisprachigen Autoren, die Du besprichst, besonders bei Nabokov und Elsa Triolet, zu sein scheint. Im Gegenteil, bei mir scheinen sich die beiden Sprachen stets zu überschneiden, wollen zusammenkommen, wollen sich gegenseitig umarmen, wollen ineinander aufgehen. Oder, wenn Dir das lieber ist, sie wollen sich gegenseitig verderben und korrumpieren. Deshalb glaube ich nicht, daß die eine Sprache vertikal in mir liegt und die andere horizontal. Wenn überhaupt, dann scheinen sie beide in der gleichen Ebene zu liegen – manchmal vertikal und zu anderen Zeiten horizontal, je nach ihrer Laune oder ihren Wünschen. Obwohl Französisch und Englisch manchmal in einer nicht näher zu bestimmenden Region meines Hirns miteinander zu streiten scheinen, spielen sie doch häufiger miteinander, besonders wenn ich sie zu Papier bringe. Ja, ich glaube, die beiden Sprachen in mir lieben sich, und so manches Mal habe ich sie bei merkwürdigen Spielen hinter meinem Rücken erwischt.

Um ehrlich zu sein, Elizabeth, in meiner Zweisprachigkeit liegt etwas perverses.

Normalerweise, wenn ich einen Roman beendet habe (wie Du weißt, habe ich bisher sechs oder sieben geschrieben, entweder auf Englisch oder auf Französisch), bin ich sofort versucht, das Original in die andere Sprache zu übertragen (umzuschreiben, zu adaptieren, umzuformen, zu transkreiern – ich bin mir nicht ganz sicher, welchen Begriff ich hier verwenden soll, aber sicher nicht übersetzen). Und oft beginne ich auch mit solch einer alternativen Fassung, gebe sie aber schnell wieder auf, aus Langeweile, nehme ich an, Erschöpfung oder Abscheu, oder vielleicht wegen des von Dir so genannten »Horrors der Selbstübersetzung«, der Furcht, mich selbst zu betrügen.

Es ist allerdings schon merkwürdig, daß ich bei allem, das kürzer ist als ein Roman, eine Kurzgeschichte, oder besonders ein Gedicht, sofort eine Fassung in der anderen Sprache abfasse. Die meisten meiner Gedichte existieren zweisprachig. Hier habe ich immer das Gefühl, daß der ursprüngliche Text nicht vollständig ist, bis es eine gleichwertige Fassung in der anderen Sprache gibt. Vielleicht habe ich ein ähnliches Bedürfnis nach Vollständigkeit, nach Abgeschlossenheit in der anderen Sprache auch bei den Romanen, aber Faulheit, Furcht, Sorge, und natürlich Zeitmangel halten mich von der Arbeit ab. Ich bin mir auch bewußt, daß die Übersetzungsarbeit am eigenen Werk oft die Armut – die semantische, aber auch metaphysische Armut – bestimmter Wörter in der zweiten Sprache offenbart. Und sicher endet der Prozeß der Selbstübersetzung normalerweise in einem VERLUST, in Verrat und Schwächung des eigenen Ursprungswerks. Auf der anderen Seite jedoch gibt es immer die Möglichkeit, die Chance eines Zugewinns. Ja, die Möglichkeit, daß bestimmte Wörter, bestimmte Ausdrücke in der anderen Sprache einen metaphorischen Reichtum in sich tragen, der in der ersten Sprache nicht vorhanden war. Mir scheint, daß die Übersetzung, die Selbstübersetzung, den ursprünglichen Text oft ergänzt, bereichert, und sogar ausschmückt – ihn bereichert oder verarmen läßt, nicht nur, was die Bedeutung anbelangt, sondern auch die Musik, den Rhythmus, die metaphorischen Möglichkeiten, und sogar die syntaktische Komplexität.

Dieser Punkt des Verlustes oder des Zugewinns im Prozeß der Selbstübersetzung wirft eine entscheidende Frage auf: ob die Übersetzung nur ein Ersatz für das Original ist, oder ob sie tatsächlich zur Fortsetzung, zur Stärkung des Werks wird.

Irgendwie bewundern wir die Freiheiten, die sich ein Übersetzer dem Original gegenüber herausnimmt, und vergeben sie gar. Ein Beispiel dafür: die bewundernswerte, aber höchst ungetreue Übersetzung Richard Howards von Baudelaires *Les fleurs du mal* (dt.: *Die Blumen des Bösen*).

Ja, wir bewundern solche Freiheiten und nehmen sie hin, dennoch erwarten wir vom zweisprachigen Schriftsteller, der sich selbst übersetzt, daß er sich selbst und seinen eigenen Texten treu bleibt. Man sollte dem Schriftsteller-als-Selbstübersetzer gewisse Freiheiten einräumen, Raum, um innerhalb seines eigenen Werkes zu spielen. Und natürlich erlaube ich mir diese Verspieltheit – oft nur der Verspieltheit wegen. Aber vielleicht aus einem wichtigeren Grund: Da wir wissen, daß Sprache das Transportmittel ist, das uns dorthin bringt, wo wir hin wollen, uns aber gleichzeitig davon abhält, dort hinzugelangen (ich paraphrasiere hier Bekkett), haben wir vielleicht durch die Verwendung einer anderen Sprache, der anderen Sprache in uns, eine größere Chance, dort anzukommen, wo wir hin wollen, oder wenigstens eine weitere Chance. Anders ausgedrückt, wir haben die Chance, die Fehler des ursprünglichen Textes zu korrigieren.

Der ursprüngliche kreative Akt findet stets im dunkeln statt, wie wir alle wissen – im dunkeln, in Unwissenheit und im Irrtum. Obwohl der Akt des Übersetzens (und besonders der Selbstübersetzung) ebenfalls ein kreativer Akt ist, wird er dennoch bei LICHT ausgeführt (im Lichte des existierenden ursprünglichen Texts), wird im WISSEN ausgeführt (im Wissen um den existierenden Text), und daher fehlerfrei ausgeführt, wenigstens zu Beginn. In dieser Hinsicht bestätigt und vergewissert die Übersetzung eines Textes das Wissen, das bereits im Original vorhanden war. Manchmal korrigiert sie allerdings auch die ursprünglichen Fehler jenes Textes. Als Ergebnis davon ist die Übersetzung nicht länger Annäherung an das Original, keine Verdoppelung, kein Substitut, sondern eine echte Fortsetzung des Werks – der Wirkung des Textes.

Das ist grundsätzlich mein Verständnis meiner Arbeit als Selbstübersetzer und zweisprachiger Schriftsteller. Manchmal verstärkt meine Übersetzung meines eigenen Werks das Original, manchmal vermindert sie es, korrigiert oder erläutert sogar (nein, nicht dem Leser, dem potentiellen Leser des Textes, sondern dem Schreiber,) mir, der genau weiß, daß die Sprache, die er verwendet – entweder Englisch oder Französisch – stets ein Hindernis darstellt, das immer wieder aufs neue überwunden werden muß.

Das, glaube ich, bedeutet es, ein zweisprachiger Schriftsteller, ein Autor/Selbstübersetzer zu sein. Es bedeutet, von der einen Sprache (und Kultur) in die andere zu verschieben. Und es heißt gleichzeitig auch, daß man niemals außerhalb von Sprache sein kann. Der zweisprachige Schriftsteller erlaubt seinen Lesern (so er welche hat), dem Dialog zu lauschen, den er selber in sich in zwei Sprachen führt, obwohl in den meisten Fällen der Leser nur die Hälfte dieses internen (infernalischen?) Dialogs hört.

Ich verspüre ein Gefühl der Unvollständigkeit gegenüber meinem Werk, wenn der Text nur in einer Sprache existiert. Dieser besorgte Drang, mein Werk in beiden Sprachen existieren zu sehen (und ich sollte darauf bestehen, daß dies mit meiner eigenen Stimme geschieht – ich habe Übersetzungen einiger meiner Arbeiten ins Englische oder Französische gelesen, Gedichte, Stücke aus meinen Romanen, Essays, die jemand anderer übertragen hat, und stets sind sie mir völlig fremd) ... dieser Drang, in zwei Sprachen sprechen und schreiben zu müssen, beinahe simultan, beeinflußt auch meine Leseweise. Oft, wenn ich ein Buch lese, auf Französisch oder Englisch, ein Buch, das mir besonders viel Freude macht, ein Buch, das mir »le plaisir du texte« gibt, wie Roland Barthes es formulierte, ertappe ich mich dabei, wie ich den Text beim Lesen im Kopf in die andere Sprache übersetze.

Was mir oft Sorgen bereitet, wenn ich an einem Roman auf Englisch arbeite (und das wohl, weil in den meisten Romanen bisher der Protagonist ein Franzose im Exil ist), ist die Feststellung, daß es vielleicht einfacher und sicher logischer wäre, das Buch auf Französisch zu schreiben oder wenigstens den Protagonisten Französisch sprechen zu lassen. Doch dann könnte man die Frage stellen: zu wem spricht das Buch? Meine Dichtung hat stets einen vorausgesetzten Leser, oder besser gesagt einen impliziten Leser, einen anwesenden und aktiven Teilnehmer im Text, und ich glaube, daß dieser »potentielle Leser« (wie ich ihn nenne) Englisch spricht und nicht Französisch. Anders ausgedrückt, meine Bücher scheinen das englischsprachige Lesepublikum anzusprechen und deshalb verlangen sie danach, auf Englisch geschrieben zu werden, obwohl der Protagonist und sogar das Material französischen Ursprungs sind.

Ich schreibe häufiger auf Englisch als auf Französisch, und habe das immer getan, obwohl Englisch nicht meine Muttersprache ist. Irgendwie erschreckt mich Französisch. Obwohl ich Englisch erst zu lernen begann, als ich zwanzig war, habe ich das Gefühl, mein Französisch ist irgendwie veraltet, vielleicht sogar versteinert, nicht mehr länger up-to-date, eine Sprache aus einem anderen Lebensabschnitt. Das soll nicht heißen, daß ich auf Französisch schlecht oder flach schreibe. Ich glaube nicht; es heißt auch nicht, daß ich die französische Sprache ablehne, doch wenn ich auf Französisch schreibe, wird mir bewußt, überdeutlich bewußt, daß ich eine Sprache verwende, die mir fern liegt; nicht, weil es Zeiten gegeben hat, in denen ich kein Französisch gesprochen habe, sondern einfach weil Französisch von mir entfernt ist.

Gibt es einen Drang in mir, das Französische abzuschütteln, aufzugeben? Nein, ich glaube nicht. Ich leide nicht unter der Zweisprachigkeit, ich fühle mich dadurch reicher. Gleichzeitig allerdings spüre ich nicht, daß ich die Reinheit meiner Muttersprache erhalten will, wie dies so viele französische Freunde und Kollegen oft tun oder von sich behaupten, die hier leben und arbeiten. Ganz im Gegenteil, ich will sie korrumpieren. Ich will, daß die beiden Sprachen in mir sich gegenseitig verderben.

Ich habe oft darüber nachgedacht, ein Buch zu schreiben – ein wahrscheinlich unlesbares Buch –, in dem die beiden Sprachen, in ein und demselben Satz zusammenkommen. Es gibt ein paar solcher Seiten in einigen meiner Romane, aber ich würde gern ein ganzes Buch schreiben, in dem ich beide Sprachen simultan verwende. Auf dem Umschlag dieses Buchs (wenn ein solches Buch je veröffentlicht würde) würde stehen VOM AUTOR ÜBERSETZT, aber nicht, aus welcher Sprache. Offensichtlich ist in meiner Zweisprachigkeit ein Element der Verspieltheit am Werk. Ja, die beiden Sprachen spielen miteinander, und ich verwende das Wort spielen hier im vollsten Sinne – nicht nur im Sinne von Spiel, sondern auch im Sinne von lockerer Verknüpftheit. Mein Französisch und mein Englisch spielen miteinander wie zwei Kinder auf dem Spielplatz, oder eher wie zwei Liebende (leicht Verliebte) miteinander spielen, um sich gegenseitig zu besitzen oder gar zu vernichten. Vielleicht um in mir die ursprüngliche Sprache und vielleicht sogar meine Herkunft zu vernichten. In dem zweisprachigen Buch, das ich schreiben möchte, gäbe es keine ursprüngliche Quelle, keinen Originaltext – nur zwei Sprachen, die außerhalb ihres Ursprungs in dem Raum ihrer eigenen Verspieltheit existieren, oder besser koexistieren.

An dieser Stelle brach meine Antwort an Elizabeth, meine Bekannte, abrupt ab, entweder weil ich nichts mehr zu sagen hatte, nichts mehr zum Thema meiner Zweisprachigkeit erfinden konnte, oder weil ich keinen Platz mehr hatte. Ich denke allerdings, daß ich es bei diesem Vorgang geschafft habe, ein wenig zu erläutern, besonders vor mir selber, wie der Kampf, die Liebesaffäre, der spielerische Umgang der beiden Sprachen miteinander in mir mein Werk im Laufe der Jahre bestimmt hat. Nein, ich leide nicht an meiner Zweisprachigkeit, ich fühle mich dadurch reicher.

Federman über Federman:
Lüg oder stirb

Wäre ich Kritiker (was ich früher einmal war) und würde man mich bitten, Federmans Dichtung zu diskutieren (in mündlicher oder schriftlicher Form), würde ich nicht darüber diskutieren, was Federman in seinen Büchern geschrieben hat (diese kuriosen Bücher, die sich jeder Klassifizierung zu entziehen scheinen und sich dennoch unverschämterweise Romane nennen), sondern darüber, was er ungeschrieben gelassen hat. Mit ungeschrieben meine ich nicht nur Substanz und Inhalt, sondern auch Form und Sprache. Seine Bücher sind voller Löcher, voller Lücken, voller ›fehlender Teile‹, um ein Oxymoron zu verwenden. Und auch seine Sprache ist voller Löcher, voller ›fehlender Teile‹. Seine Bücher bleiben tatsächlich immer unvollendet. Federman schreibt unvollendete Geschichten aus unvollständigen Sätzen, die vorgeben, vollendete Geschichten aus vollendeten Sätzen zu sein. Schauen wir uns zum Beispiel einmal das Ende von *Take It or Leave It* an:

»Also faltete er sich in sich selbst zusammen wie ein altes zerknülltes Stück gelben Papiers dort auf dem Krankenhausbett während ich Abschied von ihm nahm (am Rande des Abgrunds) schloß sich selber wie ein altes zerfleddertes Buch das keiner mehr braucht ein nutzloses Buch das auf den Müll soll als er an die Reise dachte die große wunderschöne Reise die er über Land hätte machen können von Küste zu Küste und die er eines Tages wie eine wunderschöne Geschichte hätte erzählen können oder wiedererzählen mit all den aufregenden Einzelheiten einem Freund oder ein paar versammelten interessierten Zuhörern mit all der notwendigen Leidenschaft die man braucht um solch eine Geschichte zu erzählen direkt oder indirekt aber nun war sie zu Ende abgesagt und so bar jeden Tropfens an Mut und die letzten Worte seiner Geschichte die nun abgesagt ist abgesagt da sie ihn dort hin zurückverfrachten wo alles anfing sprach er traurig zu sich selbst: Hat keinen Zweck weitermachen zu wollen aber vielleicht das nächste Mal ja das nächste Mal ... (machts gut alle miteinander)«.

Federmans neuester Roman, *Betrifft: Sarahs Cousin*, endet auch mit einer unvollendeten Note, wenn der Erzähler-Autor des Buches erklärt:

»Und während ich Cousin und Cousine weiter zuhörte, während ihre Gesichter in der Dunkelheit verschwammen, begriff ich, daß ihre Geschichte stets unbeendet bleiben wird ...«

Wenn man sich mit Federmans Werk befaßt, muß man die Tatsache akzeptieren, daß nicht notwendigerweise das, was dort steht (anders ausgedrückt, was sichtbar ist, lesbar, erzählt wird, präsent ist, was präsentiert wird, was repräsentiert oder nicht präsentiert wird), seine Fiktion ausmacht, sondern das, was nicht da steht (was nicht sichtbar ist, nicht lesbar, nicht erzählt wird, nicht präsentiert, repräsentiert oder nicht präsentiert). Mit anderen Worten, was an Federmans Fiktion so wichtig ist, ist das, was abwesend ist.

Und tatsächlich ist ABWESENHEIT das zentrale Thema, der fundamentale Aspekt in Federmans Dichtung. Federman schreibt, um auszulöschen, oder noch besser, um genau jene Geschichte nicht erscheinen zu lassen, die er schreiben will; und gleichzeitig eben jene Sprache zu einer nicht vorhandenen zu machen (oder zu dekonstruieren), die er verwendet.

Ja, Federman hat die Fiktion der Abwesenheit und Auslöschung perfektioniert, und er hat dies durch ausgefuchste und ausgefallene Tricks erreicht. Was der Kritiker also in seinem Werk diskutieren sollte, sind die Löcher, die Lükken, die Leeren, die leeren Räume, die Abgründe, die

Schränke (natürlich), die X-X-X-X, jene immer wiederkehrenden Schlüsselbegriffe, die auf den Punkt jener Abwesenheit hindeuten.

Was in Federmans Fiktion wahrgenommen werden muß, ist das, was fehlt, was absichtlich oder unbewußt ausgelassen worden ist. Aber nicht, weil das Fehlende nicht erzählt oder beschrieben werden könnte (wie zum Beispiel die Unaussprechlichkeit des Holocaust, der Federmans Leben und Werk bestimmt), sondern weil Federman vorrangig schreibt, um die Unmöglichkeit und Notwendigkeit des Schreibens in der Postmodernen/Post-Holocaust-Ära zu demonstrieren. Aus diesem Grunde scheint er anzudeuten, daß man, um unter heutigen Bedingungen schreiben zu können, lügen müsse (die Löcher stopfen müsse), denn wenn man nicht lügen kann (die Löcher nicht stopfen kann), dann wird man zwangsläufig sterben (als Schriftsteller in diesem Falle).

Betrachten wir also den vorhandenen Gegenstand (AUTOBIOGRAPHIE UND AVANTGARDE) auf der Grundlage der zentralen Idee in Federmans Werk: daß man, um zu überleben (also auch, um zu schreiben), lügen muß. In dieser Hinsicht, könnte man sagen, ist der fehlende Bestandteil in seinem Werk (da es ja als Lüge dargeboten wird) die Wahrheit – die paradoxe Wahrheit, die da besagt, daß Federman, um nicht (als Schriftsteller) zu sterben, Lügen über sein Leben verbreiten muß.

Laßt Uns Also Anfangen (zu Lügen Oder Zu Sterben)

Es scheint heute ein großes Interesse für Biographien und Autobiographien zu geben – nicht nur auf Seiten der Gelehrten und Schreiber, sondern ganz allgemein. Warum? Weil die Menschen nach Leitfiguren oder heroischen Modellen suchen, die sie bewundern oder denen sie nacheifern können? Oder weil die Menschen sich für das Privatleben berühmter (und weniger berühmter) Menschen interessieren? Oder weil die Menschen ernsthaft aneinander interessiert sind, oder doch nur an den Gerüchten, der dreckigen Wäsche in privaten Schränken? Was immer der Grund sein mag, die Frage nach Biographie und Autobiographie ist sicher interessant, aber auch problematisch, denn man sollte sich einer Biographie (der Lebensbeschreibung, die ein anderer erzählt als derjenige, der es gelebt hat) und noch mehr einer Autobiographie (dem Leben, erzählt von demjenigen, der es gelebt hat) mit größtem Mißtrauen nähern, was die Glaubwürdigkeit der Fakten betrifft.

Die essentielle Frage lautet also: Wie kann ein Leben in seinem eigenen Kontext ersetzt werden, wenn in den meisten Fällen der ursprüngliche Text vergessen oder verfälscht wurde?

Dichter werden oft gefragt (und ich bilde da keine Ausnahme): »Ist Ihre Dichtung autobiographisch?« Und normalerweise entgegnet der Dichter, peinlich berührt, als sei die Tatsache, daß er Elemente seines eigenen Lebens verwendet hat, eine peinliche Angelegenheit: »Ja, meine Dichtung ist autobiographisch, aber ICH MÖCHTE BETONEN; DASS ICH VIELE FAKTEN VERZERRT HABE, UM EINE GEWISSE DISTANZ ZU MIR HERZUSTELLEN ... eine ästhetische Distanz« (fügt der Dichter hinzu und senkt dabei seine Stimme, als sei er sich bei dem letzten Teil seiner Erklärung nicht ganz sicher).

Ich habe mich oft gefragt, ob das bedeutet, daß ein Leben selbst nicht ästhetisch sein kann, daß ein Leben fiktionalisiert werden muß, um eine ästhetische Qualität anzunehmen?

Jedesmal, wenn sich ein Dichter dafür entschuldigt, über sein Leben geschrieben zu haben oder seinen Figuren gewisse Aspekte seiner eigenen Erfahrungen zugeschrieben zu haben, scheint er sich zu schämen, dies zuzugeben; so als schäme er sich dafür, zu leben, dafür, interessante, dramatische, vielleicht sogar traumatische Erfahrungen gemacht zu haben; oder als schäme er sich dafür, langweilige, triviale und uninteressante Erfahrungen gemacht zu haben.

Einige der größten Romane aller Zeiten basieren auf langweiligen, ja uninteressanten Erfahrungen. Die Tatsache, daß ein Mann mittleren Alters, der eines Besseren belehrt worden ist, sich daran erinnert, wie er mit seiner Mutter den Tee zu nehmen pflegte, wenn er deprimiert nach Hause kam, und wie er Stücke eines Gebäcks dippte, das »une petite madeleine« genannt wird, ist keine sehr aufregende, auch keine sehr profunde Erfahrung, und dennoch erwächst aus dieser banalen Geste und dieser unbedeutenden Tasse Tee einer der größten je geschriebenen Romane. Ich meine natürlich Marcel Prousts *A la recherche du temps perdu*.

Ich glaube, daß ein Schriftsteller sich niemals dafür entschuldigen sollte, daß er autobiographische Romane geschrieben hat. Ganz im Gegenteil, »ein Schriftsteller sollte den Mut zum eigenen Narzißmus aufbringen«, wie ich einmal einem Interviewpartner gesagt habe, der verstört schien, als ich ihm gegenüber offen zugab (ohne Entschuldigung), daß meine Werke auf den Erfahrungen meines Lebens basieren (des realen oder eingebildeten). Aber das bedarf einer Erklärung.

Es gibt eine Aussage, die sich in all meinen Werken wiederfindet (entweder von einer der Figuren oder vom Autor selbst ausgesprochen), eine Aussage, die auch in den verschiedenen Aufsätzen wiederholt wird, die ich über die Gegenwartsdichtung verfaßt habe. Sie lautet folgendermaßen: »Eine Biographie ist etwas, das man im nachhinein erfindet, nach den Tatsachen.« Und sie lautet weiter: »Deshalb muß man, um in der Geschichte aufgezeichnet zu werden, entweder lügen oder sterben.«

Ich habe diese Aussage ursprünglich bei Céline entliehen, dessen Dichtung ja wirklich ungeheuer autobiographisch war. Aber ich habe sie etwas verzerrt, damit sie meinem Zweck dient. Céline benutzte natürlich sein eigenes Leben, so wie ich meines in meinem Werk benutze, seine eigenen Erfahrungen als Franzose, als Überlebender des Ersten Weltkriegs, als Wanderer durch den Zweiten Weltkrieg und als Mediziner, um daraus seine Fiktion zu schöpfen. In meinem Falle kann ich sagen, daß ich aus meinem Leben als wandernder französischer Jude, der Amerikaner wurde, als Überlebender des Holocaust im Zweiten Weltkrieg, aber auch als Schriftsteller und sogar als Professor und Kritiker der Literatur meine Fiktion schöpfe.

Anders ausgedrückt, und der Untertitel dieses Aufsatzes deutete es an, Fiktion und Autobiographie sind austauschbar, so wie Leben und Fiktion, Fakten und Fiktion, Sprache und Fiktion, Geschichte und Geschichten austauschbar sind. Und dies, weil für mich zuerst die GESCHICHTEN zählen. Oder um es etwas anders auszudrücken: alles ist Fiktion, weil alles mit der Sprache beginnt. Das große Schweigen innendrin muß in Wörter verwandelt werden, um zu sein und etwas zu bedeuten.

»Am Anfang war das Wort«. So beginnt einer der uralten Texte, der immer noch bestimmt, in welcher Beziehung wir zur Welt stehen. Am Anfang war das Wort, also die Sprache, und wenn wir Sprache sagen, meinen wir natürlich sofort Geschichten und Geschichtenerzählen: Fiktion, Mythos, Theologie.

Ja, alles (Leben, Geschichte, Erfahrungen, sogar der Tod) ist in der Sprache eingeschlossen. Alles ist Sprache. Ob wir die Sprache nun als Segen oder als Fluch betrachten, wir können ihr nicht entrinnen. Aber wir müssen die Tatsache akzeptieren, daß sie sowohl ein Mittel der Kommunikation ist als auch ein Hindernis bei der Kommunikation.

Eine Erfahrung, ob tragisch, komisch oder banal, gewinnt nur dann an Bedeutung, wenn sie durch die Sprache gefiltert wird, wenn sie wiedererzählt, aufgezeichnet, erzählt, gesprochen oder geschrieben wird. Da Sprache aber nie zuverlässig ist, ist auch das Wiedererzählen einer Erfahrung unzuverlässig. Bedeutung als solche ist niemals absolut und kann einer Erfahrung nicht vorausgehen, ebensowenig wie der Sprache. Bedeutung wird von Sprache erzeugt. Der Akt des Sprechens oder Schreibens produziert Bedeutung. In dieser Hinsicht folgt die Bedeutung (oder Wahrheit) einer Erfahrung oder die Bedeutung (oder Wahrheit) der Geschichte nach dem Ereignis selbst, nach den Fakten. Geschichte, gleich ob kollektiv oder individuell, besteht aus Geschichten, die man sich von den Ereignissen erzählt.

Wenn man diese Idee akzeptiert (und ich muß zugeben, daß eine große Zahl nervöser Kritiker, die immer noch daran glauben, daß »Bedeutung der Sprache vorangeht, oder Essenz der Existenz«, sich mit mir darüber gestritten haben), dann kann man sagen, daß es die FIKTION eines Schriftstellers ist, die sein LEBEN bestimmt und nicht notwendigerweise sein LEBEN seine FIKTION.

Nur weil Balzac oder Flaubert oder Faulkner oder Robbe-Grillet Romane geschrieben haben, können wir von ihrem Leben sprechen (in einem bedeutungsvollen literarischen Sinn). Es sind ihre Bücher, die sie zu Schriftstellern machen. Erst nachdem ein Schriftsteller seine Fiktion niedergeschrieben hat, kann man fragen, ob sie autobiographisch ist.

In diesem Sinne kann man sagen: Nur Fiktion ist real, nur Fiktion ist wahr. Der Rest kann nicht verifiziert werden, weil der im Reich der Abwesenheit angesiedelt bleibt. Auch dies bedarf einer Erläuterung (mit einem persönlichen Beispiel).

Klären Wir Also (Lügen Oder Sterben)

Letztes Jahr bat mich ein Verleger darum, eine Mini-Autobiographie zu schreiben – ›Mini‹, weil mich der Verleger von Anfang an auf 10 000 Wörter festlegte. Ich sagte dem Verleger, halb im Scherz, daß ich bei solch einer Einschränkung gerade mal die ersten zwölf Jahre meines Lebens beschreiben könne, zumal gerade diese mit so vielen dramatischen Ereignissen vollgestopft waren. Diese Mini-Autobiographie sollte Bestandteil einer Reihe von Bänden werden, die andere solche Mini-Autobiographien enthalten, die von verschiedenen Gegenwartsautoren geschrieben wurden. Zuerst zögerte ich damit, dieses Angebot anzunehmen. Ich spürte, daß es für mich etwas verfrüht war, die Geschichte meines Lebens aufzuschreiben und außerdem stellte meine Dichtung bereits die Geschichte meines Lebens dar (oder umgekehrt?). Doch ich nahm den Auftrag an (schließlich bot mir der Verleger eine recht anständige Summe) und schrieb, was ich letztlich betitelte: EINE VERSION MEINES LEBENS – DIE FRÜHEN JAHRE. Die frühen Jahre deshalb, weil der Text 1971 endet, mit dem Jahr, in dem mein erster Roman, *Double or Nothing* (dt.: *Alles oder Nichts*), erschien.

Diese Autobiographie ist nicht nur geschriebener Text, sondern enthält auch fünfzehn Photographien, die bestimmten Momenten in meinem Leben nachspüren. Der Titel wirft natürlich sofort einen Schein des Zweifels und der Zwiespältigkeit auf den Text: EINE VERSION MEINES LEBENS. Man könnte fragen, welche Version? Und wenn es andere Versionen gibt, welche ist die richtige, die wahre, die verläßlichere Version? Man könnte auch fragen, ob dies bedeutet, daß die hier wiedergegebenen Fakten vielleicht nicht korrekt sind und man ihnen nicht glauben darf?

Die Photographien in dem Text lügen nicht. Das bin

wirklich ich, den man da an verschiedenen Orten, zu verschiedenen Zeiten und mit verschiedenen Menschen (meiner Frau, meiner Tochter, mit Freunden, anderen Schriftstellern, meinem Hund) sieht. Doch der Text: Kann man ihm trauen? Es gibt keine Möglichkeit, ihn zu überprüfen, keine Möglichkeit, den Wahrheitsgehalt dessen, was ich geschrieben habe, zu bestimmen. Dem Leser meiner Autobiographie kann ich NUR MEIN WORT darauf geben. Der Leser einer Autobiographie kann wirklich nur den Wörtern glauben, die der Schriftsteller verwendet hat.

Allerdings kann ich wegen der Unglaubwürdigkeit der Sprache weder leugnen noch bestätigen, daß die Tatsachen, die ich in meiner Autobiographie darstelle, von der Wahrheit abweichen oder nicht. Genausowenig kann ein Maler, der ein Selbstbildnis anfertigt, behaupten, daß er sich wirklich gemalt hat, da er ja weiß, daß Farbe nur eine Illusion erzeugt. Autobiographien und Selbstporträts weichen stets von der Realität ab, weil sie auf der Grundlage einer Erinnerung oder eines Eindrucks erschaffen wurden – mit Worten oder mit Farbe.

Ich habe mich oft gefragt, wie ein Maler ein Selbstporträt angeht. Stellt er sich vor einen Spiegel, oder malt er sich, während er ein anderes Bild betrachtet (eine Photographie oder eine Zeichnung) oder malt er sich einfach aus dem Gedächtnis? Kann der Künstler dann aber dem Abbild trauen, das er von sich hat, das er im Gedächtnis trägt oder in seiner Zeichenmappe? Es sind sehr verwickelte Fragen, die die ganze Problematik nicht nur der Selbstporträts, sondern auch der Autobiographien aufwerfen.

Was betrachtete Velasquez, als er sich selbst in das berühmte LAS MENINAS hineinmalte, als er dabei ist, das Bild zu malen, das wir gerade betrachten? Es gibt ein faszinierendes Bild des österreichischen Malers Egon Schiele mit dem Titel »Portrait des masturbierenden Künstlers«. Man wird sich wohl fragen, wie und wann der Künstler sich selbst beobachtete, um sich selbst im Verlaufe der Handlung, die er dargestellt hat, malen zu können.

Das sind einige der Fragen, die mir einfielen, als ich meine Autobiographie zu schreiben begann. Sie zwangen mich dazu, darüber nachzudenken, was ich da tat, nachzudenken über die Idee der Autobiographie, anders ausgedrückt: nachzudenken über das Thema, das ich hier vorstelle.

Eine Autobiographie kann niemals die vollständige Geschichte der Person wiedergeben, die sie niederschreibt. Aus Notwendigkeit (aus Platzgründen, Sprachgründen, aus Zurückhaltung, aus Zeitgründen), muß sie selektiv sein. Die Autobiographie funktioniert so ähnlich wie ein Schriftsteller, der offensichtlich darüber bestimmt, was er über seine Figuren sagen will oder nicht. Gleich von Anfang an mußte ich ein Auswahl treffen, was ich in den 10 000 Worten berücksichtigen wollte, die mir für die Geschichte meines Lebens vorgegeben waren. Sollte ich hauptsächlich über meine Familie schreiben (meine Vorfahren, meine Eltern, meine Frau, mein Kind), oder sollte ich hauptsächlich über mich schreiben, darüber, wie ich wurde, was ich heute bin (meine Kindheit, meine Erziehung, meine Reisen, meine Abenteuer und Niederlagen, mein Liebes- oder gar mein Sexualleben)? Anders ausgedrückt: sollte ich von einem sozialen, bürgerlichen, familiären, psychologischen Standpunkt aus schreiben oder doch von einem persönlichen, egozentrierten Standpunkt aus? Sollte ich alles offenlegen – meine Phantasien, meine Ambitionen, meine Fehlschläge, meine Qualitäten und Laster?

Offensichtlich mußte ich mich wegen der begrenzten Anzahl der Worte, die mir zugebilligt worden waren, auf bestimmte Aspekte und Augenblicke meines Lebens beschränken, doch so schreibe ich ja auch meine Romane, in einem Prozeß der Selektion und Auslöschung.

Ich beschloß, daß ich über jene Ereignisse und Augenblicke in meinem Leben schreiben wollte, die mich zu einem Schriftsteller werden ließen. Ich wollte über jene Erfahrungen (glückliche und unglückliche, traurige oder lustige, je nachdem) schreiben, die letztlich zu meiner Fiktion wurden. Aus diesem Grunde stellte ich jedem Abschnitt dieser Autobiographie einen Titel voran, der auch der Titel eines meiner Bücher ist. Ich tat dies, um die Beziehung zwischen meiner Fiktion und meinem Leben deutlich zu machen – zwischen Autobiographie und Fiktion, oder umgekehrt.

Was mich während des Schreibens dieser Autobiographie erstaunte, war, in welchem Maße ich Anleihen bei meinen Romanen machte – ja, ganz wörtlich –, ich zog daraus Teile, plagiarisierte ganze Passagen, Abschnitte, Sätze. Meine Fiktion nährte die Geschichte meines Lebens, ich kam mir vor, als schriebe ich nicht über mich selbst, sondern über das fiktive Leben eines Mannes, der zufällig den Namen Raymond Federman trägt.

Dies zwang mich, weiter über die Bemerkung nachzudenken, daß eine Biographie etwas ist, das man nach den Fakten erfindet.

In meinem Roman mit dem Titel *The twofold vibration* (dt.: *Die Nacht zum 21. Jahrhundert*), wird der Held (ein namenloser alter Mann, der am Neujahrsabend 1999 in die Raumkolonien deportiert werden soll) von einem der Erzähler gebeten, die Geschichte seines Lebens zu erzählen, worauf der alte Mann erwidert: »Ich habe keine Geschichte, mein Leben ist die Geschichte.« Und dann ändert er seine Meinung und sagt: »Nein, die Geschichte ist mein Leben.«

Was ich letztlich in meiner Autobiographie schrieb, ist nicht wirklich die Geschichte meines Lebens, sondern die Geschichte, wie ich aufgrund gewisser Erfahrungen, die ich in meinem Leben gemacht habe, zum Schriftsteller wurde. In dieser Hinsicht ist sie nur EINE VERSION MEINES LEBENS – eine manipulierte Version. So fängt sie an:

Ich habe mich oft gefragt, ob Schriftsteller zu sein, Schriftsteller zu werden, eine Gabe ist, die man in die Wiege gelegt bekommt oder ob es zufällig im Laufe des Lebens passiert. Ich bin stets neidisch und es kommt mir auch verdächtig vor, wenn mir jemand sagt, »Ich habe mein erstes Gedicht mit acht Jahren geschrieben und ich veröffentlichte meine erste Geschichte mit fünfzehn.« Ich komme mir dann vor, als hätte ich die ersten fünfundzwanzig Jahre meines Lebens vergeudet.

Selbst heute, nach all den Millionen von Wörtern, die ich in den letzten dreißig Jahren hingekritzelt habe (auf Englisch und Französisch), mit sieben erschienenen Romanen, einem weiteren in Arbeit, einem aufgegebenen Roman, mit zwei Gedichtbänden, mehreren Essay- und Kritiksammlungen, Hunderten von losen Stücken Prosa und Dichtung in Magazinen und noch viel Unveröffentlichtem, zweifle ich oft daran, Schriftsteller zu sein. Über dreißig Jahre bei dem Versuch, mich selbst von dieser Tatsache zu überzeugen. Vierunddreißig Jahre, um genau zu sein, seit der ersten Veröffentlichung eines Gedichts in einem Collegemagazin im Jahre 1957 – einem Fünfzeiler mit dem Titel »Mehr oder Weniger«. Es lautete so:

Aus kambrischen hirn-
losen Algen entsprangen zehn Tonnen
Fleisch und Knochen Reptils

Dann der Mensch vom Affen bis körper-
loses Hirn die Erde bevölkern wird

Ein schwerfälliges kleines Gedicht, das sicherlich nicht darauf schließen läßt, daß ich damals ein Schriftsteller war oder je einer werden sollte. Selbst heute noch glaube ich, daß ich immer noch daran arbeite, einer zu werden und vielleicht werde ich sterben, ohne zu wissen, ob ich ein richtiger Schriftsteller war oder nicht. Mir kommt es so vor, als diene alles, was ich schreibe (und es vergeht kaum ein Tag, an dem ich nicht an meinem Tisch sitze und arbeite), nur der Vorbereitung des großen Buchs, das mich eines Tages zum richtigen Schreiber machen wird. In der Zwischenzeit werden meine Bücher veröffentlicht, besprochen, diskutiert, analysiert, kritisiert, übersetzt, gelobt und angegriffen, ein paar sind sogar mit Literaturpreisen ausgezeichnet worden – und noch immer bin ich mir nicht sicher.

Vor kurzem sagt mein größter Fan, mein hübsche Tochter Simone, bei einem Telefongespräch aus New York zu mir (Rückruf natürlich, um Geld zu sparen), oh, ohne Hinterlist, eigentlich aus Liebe: »Hey, Paps, ich glaube ich weiß, wie dein Nachruf lauten wird, ich meine, du weißt schon, was auf dem Grabstein stehen soll: »VERGRIFFEN!« Welch sanfte Brutalität. Aber sie hat recht, Schriftsteller sind bei dem, was sie tun, brutal.

Schreiben ist so eine unmenschliche Tätigkeit, so brutal asozial, unnatürlich. So sehr wider die Natur. Kein Wunder, daß Schriftsteller unter Anfällen von Zweifeln und Verzweiflung leiden.

Nein, ich glaube nicht, daß ich als Schriftsteller geboren bin (obwohl ich ebenso zweifeln und verzweifeln kann wie ein wahrer Dichter), die Zufälle meines Lebens mögen mir dabei geholfen haben, mich einen Schriftsteller werden zu lassen. Wenn ich überhaupt die Gabe erhalten habe, zu schreiben, dann war es das, was mir, oft gegen meinen Willen, in den ersten fünfundzwanzig Jahren meines Lebens zustieß. Viel von dem, was ich geschrieben habe, hat seinen Ursprung in diesen frühen Jahren.

Vor kurzem stellte der Kritiker Marcel Cornis-Pop in einem Aufsatz fest, und er hat wohl recht, nehme ich an, daß [Federman] »anders als seine metafiktionalen Zeitgenossen, mit einer Biographie gesegnet (oder verflucht) wurde, die für mehrere epische Zyklen reicht, die ihn dazu verdammt, die Geschichte seines Lebens in verschiedenen Fiktionen endlos auszubreiten.« Im Rückblick betrachtet, enthielten die ersten fünfundzwanzig Jahre meines Lebens sicher genug Dramatik, Abenteuer, Mißgeschicke und Unglücke, um mehrere Romane zu inspirieren. Ich habe diese Jahre verbracht, ohne von mir selbst und den niederen Geschehnissen in der Welt Kenntnis zu nehmen, ohne zu wissen, daß die Erfahrungen, die ich erlebte, oder sollte ich besser sagen, erduldete, mich eines Tages zu einem Schriftsteller machen sollten. Mein Leben begann in Inkohärenz und Diskontinuität und mein Werk ist dadurch unzweifelhaft gekennzeichnet. Vielleicht ist das der Grund, warum es als ›experimentell‹ bezeichnet wird.

»Mein Leben begann in Inkohärenz und Diskontinuität«, aber ich hätte auch schreiben können, »mein Leben begann mit Zweifeln und in Unsicherheit.« Wie auch immer, es stimmt, mein Werk zeichnet diese unsicheren, inkohärenten, zweiflerischen, diskontinuierlichen Anfänge aus, und es stimmt, ich mußte lügen (um nicht zu sterben), um in der Geschichte aufgezeichnet zu werden, oder noch besser, um mein Leben in einer Geschichte aufzuzeichnen.

Ja, LÜGEN ODER STERBEN! Das ist das Dilemma des Dichters, oder besser des Dichters Paradoxon.

Zenos altes Paradoxon widerhallen hörend, man kennt es als das PARADOXON DES LÜGNERS (»Ein Kreter sagt, alle Kreter lügen«), kann ich für alle Schriftsteller und für mich selbst sagen: »Alle Schriftsteller sind Lügner und ich bin Schriftsteller«, um so alle Möglichkeiten, die Glaubwürdigkeit meiner Arbeiten in Frage zu stellen, zu unterbinden.

Die Lüge der Autobiographie versus Die Wahrheit der Dichtung

Vor ein paar Jahren, während einer Literaturkonferenz in San Francisco, auf der ich einen Vortrag hielt und aus meinen Büchern vorlas, stellte ein antagonistischer Kritiker in aller Öffentlichkeit vor einem großen Publikum die Wahrheit des wichtigsten und traumatischsten Augenblicks meines Lebens – meiner Autobiographie – in Frage. Er bezweifelte den Wahrheitsgehalt des Augenblicks, den ich DIE WANDSCHRANKERFAHRUNG genannt habe, mit der all die gut vertraut sind, die meine Bücher gelesen haben. In meiner Autobiographie ist diese Erfahrung folgendermaßen dargestellt:

> Ich wurde am 15. Mai 1928 in Paris, Frankreich geboren, ein Stier, soll heißen, jemand, der mit seinen Füßen auf dem Boden und mit dem Kopf in den Wolken auf der Welt lebt. Doch wenn dies auch mein offizielles Geburtsdatum ist, begann mein wirkliches Leben nicht vor dem 16. Juli 1942. An diesem Tag, der in Frankreich als *le jour de La Grande Rafle* bekannt ist, wurden mehr als zwölftausend Menschen (die von der Vichy-Regierung zu Staatenlosen erklärt und gezwungen worden waren, einen gelben Stern mit der Inschrift *Juif* zu tragen) gefangengenommen und in die Nazi-Vernichtungslager gebracht.

An diesem Tag wurden auch mein Vater, meine Mutter und meine beiden Schwestern verhaftet und schließlich nach Auschwitz deportiert, wo sie in den Gaskammern ums Leben kamen. Dafür gibt es Beweise. Ich entkam und überlebte, weil ich in einem Wandschrank versteckt wurde. Ich halte diesen traumatischen Tag des 16. Juli 1942 für meinen wahren Geburtstag, denn an jenem Tag wurde mir ein Überschuß an Leben zuteil.

Der fragliche Kritiker sagte, ich hätte dieses Erlebnis nur erfunden, hätte die ganze Schrankgeschichte erfunden, hätte mir selbst diese traumatische Erfahrung verliehen, um schreiben zu können, um meiner Fiktion eine dramatische (und gar sentimentale) Qualität zu verleihen. Er beharrte darauf (er war sehr starrköpfig und aggressiv), in aller Öffentlichkeit, vor einigen meiner Freunde, die bei dieser Konferenz anwesend waren, daß ich niemals während des Zweiten Weltkriegs in einem Wandschrank versteckt gewesen war, daß meine Eltern und Schwestern niemals in ein Konzentrationslager verschleppt worden waren, um ausgelöscht zu werden und daß sie tatsächlich gesund waren und noch irgendwo auf der Welt lebten. Ja, er bestand darauf, daß ich die ganze Sache erfunden hatte, und wer weiß, vielleicht hat er einige im Publikum auch mit dem überzeugt, was er sagte. Während ich ihm zuhörte, begann ich selbst an der eigenen Erfahrung zu zweifeln, auf der soviel von meinen Werken basiert. Könnte es sein, daß nichts von alledem geschah, daß ich niemals in einem Schrank versteckt war, daß ich tatsächlich während des Zweiten Weltkriegs vor all dem Horror in Sicherheit war, daß nichts von dem, was ich in meinen Romanen niederschrieb, wirklich geschehen ist, daß ich einfach die ganze Geschichte erfunden habe, um die Aufmerksamkeit auf mich zu lenken, um mich selbst zu inspirieren? Schließlich ist es eine wirklich gute Geschichte.

Die Geschichte, wie sie von einem der Erzähler in *Die*

Nacht zum 21. Jahrhundert nacherzählt wird, wie sie ihm vom alten Mann berichtet wurde:

> Die Soldaten waren schon im Hof und schnauzten herum, seine Stimme klang wie von fern, es war früher Morgen, sehr früh, sechs Uhr morgens vielleicht, im Juli, glaube ich, oder vielleicht auch August, schwer zu sagen, und die Mutter weckte den Jungen sanft auf, er war gerade zwölf damals, sie weinte leise vor sich hin, pst, pst, der Junge muß gerettet werden, sagte sie und schob ihn vorsichtig in einen Abstellraum, er trug seine kurzen Jungenhosen, eine Kammer gleich draußen vor der Wohnungstür, auf dem Treppenabsatz, im dritten Stock, unmöglich zu sagen, ob der alte Mann sich aus den Fingern sog, was er da berichtete, oder ob er sich tatsächlich erinnerte, ein finsterer, muffiger Kasten, in dem alte Kleider verstaut waren, leere Häute nannte er sie, staubige Hüte und alte Zeitungen, und als die Soldaten seine Mutter abgeführt hatten, seinen Vater und seine beiden Schwestern, sie stolperten die Stufen hinunter mit ihren Bündeln, Nomadenbündel nannte er sie immer, klagende gelbe Sterne auf dem Weg zur Endlösung, um verarbeitet und weiterverarbeitet zu werden, zu Lampenschirmen, wie er es ausdrückte, und als alles wieder ruhig war, da setzte sich der kleine Junge auf einen Stapel Zeitungen, immer noch halbnackt, horchte auf die Stimmen jenseits der Wände und lutschte Zuckerwürfel, die er in einer Schachtel hinter den Zeitungen gefunden hatte, farbige Ringe vor den brennenden Augen, so hockte er stundenlang da und wartete wohl auf den Einbruch der Dunkelheit, damit er sein Loch verlassen konnte, und tastete mit den Händen im Dunkeln herum, ein Kribbeln im Bauch und Staub im Mund [...], vor Bauchschmerzen fast wahnsinnig, ja, das arme Kind mußte auf die Toilette und hatte ein schlechtes Gewissen, weil es nicht da machen konnte, wo man soll,

faltete er eine der Zeitungen auseinander, eine voll mit Bildern von siegreichen Soldaten beim Einmarsch in die Stadt, und in der Hocke wie ein Tier, wie eine Sphinx, drückte er seine Angst heraus und hielt dabei den Penis von den Beinen weg, um sich nicht naßzumachen, dann faltete er alles zu einem sauberen Päckchen und beroch danach unwillkürlich die Wärme an seinen Händen, und als es dann draußen endlich dunkel war und die Züge durch die Nacht schon nach Osten rollten, da kletterte er über die Leiter neben der Tür seiner Abstellkammer zur Dachluke hinauf und deponierte sein schmuddeliges Päckchen auf dem Dach, der alte Mann musterte uns mit einem Lächeln, für die Vögel, nehme ich an, oder damit es sich im Wind auflösen und Jahre später zum Symbol seiner seltsamen Wiedergeburt werden konnte [...][1]

Es stimmt allerdings, daß es keine Möglichkeit gibt, zu beweisen, daß das, was hier wiedergegeben ist, mir wirklich zugestoßen ist. Keine Möglichkeit, zu bestätigen, daß wirklich geschehen ist, was ich wieder und wieder erzähle. Von einem frühen Gedicht aus dem Jahre 1957 mit dem Titel *Escape (Flucht)*, bis hin zu meinem neuesten Roman, *To whom it may concern* (dt.: *Betrifft: Sarahs Cousin*), habe ich dieselbe Wandschrankerfahrung, dieselbe alte Geschichte, dieselbe Obsession verwendet, denn es gibt keine Möglichkeit, herauszufinden, ob mir dies wirklich zugestoßen ist. Hier das Gedicht von 1957:

Flucht

Mein Leben begann in einem Schrank
unter leeren Häuten und staubigen Hüten
ich lutschte gestohlene Zuckerstücke

[1] In der Übersetzung von Gerhard Effertz.

Draußen tänzelte der Mond übers Dach
Neugier trieb mich die Treppe hinunter
aber ich rutschte auf der zwölften Stufe aus
und fiel und alle Türen gingen auf
stumme Augen die auf meine Nacktheit starrten

Als ich unter dem Himmel lief
traf ein gelber Stern meine Brust
und alle Augen wandten sich ab

Dann packten sie mich und sperrten mich in eine Kiste
rollten mich hundertmal über die Erde
während sie sich gegenseitig jagten
mit Steinen in den Händen
und alle Sterne verbrannten

Jeden Tag kamen sie mich zu berühren
steckten ihren Finger in meinen Mund
und malten mich schwarz und blau

Aber durch einen Riß in der Wand
sah ich einen Baum in der Form eines Blattes
und eines Morgens flog ein Vogel in meinen Kopf

Ich liebte diesen Vogel so sehr
daß ich während mein blauäugiger Meister
in die Sonne blickte und blind wurde
den Käfig öffnete und mein Herz
in einer gelben Feder verbarg[2]

Nein, es gibt keine Möglichkeit herauszufinden, ob ich in einem Wandschrank eingesperrt war, als ich ein kleiner Junge war, ob der Mond wirklich in jener Nacht auf Zehenspitzen übers Dach kletterte, ob ich stolperte, als ich die Treppe hinabstieg, ob die Türen sich öffneten – und so weiter. Und was ist mit dem dreckigen Päckchen Exkremente auf dem Dach? Wer kann so etwas glauben? Es war dunkel in jener Nacht. Niemand sah den Jungen. Es gab keine Zeu-

[2] In der Übersetzung von Joachim Sartorius.

gen. Und wenn es welche gab, sind sie nun entweder verschollen oder gestorben.

Vielleicht hat Federman also über sein Leben gelogen oder hat sich selbst eine Erfahrung zugelegt, um darüber schreiben zu können. Oder noch besser, Federman hat sich diese Erfahrung von jemand anderem ausgeborgt und sie sich selbst zugeschrieben. Hat er nicht öffentlich erklärt, daß alle Autoren Pla(y)giatoren sind? Es ist sogar möglich, daß Federman durch die ständige Wiederholung dieser »Geschichte aus zweiter Hand« – der Geschichte von dem Schrank, aber auch der Geschichte von den rohen Kartoffeln auf dem Zug, auf dem Bauernhof, auf der Reise nach Amerika, in der Fabrik in Detroit, der Geschichte von dem Tenorsaxophon und von dem Buick Special, und all den anderen Geschichten – sich selbst vom Wahrheitsgehalt dieser Geschichte überzeugt hat.

Schließlich sind im Zweiten Weltkrieg viele Kinder in Schränken versteckt oder auf Bahnhöfen zurückgelassen worden. Daher ist die Geschichte von Federmans Schrank eigentlich recht alltäglich und banal.

Also besaß ich an jenem Tag in San Francisco keinerlei schlagkräftiges Argument für den Kritiker, der die Wahrheit der Erfahrung, die meine Fiktion nährt, in Frage stellte. Nein, ich hatte keine Möglichkeit, ihn von der Wahrheit zu überzeugen. Ich hatte nur meine Fiktion – meine Lügen. Aber schließlich stopfen Lügen (die Einbildungen) die Löcher der Abwesenheit.

Dennoch sollte ich an dieser Stelle auf etwas Wichtiges hinweisen, etwas Wichtiges in Bezug auf die Infragestellung der Fakten meines Lebens. Nachdem er mich öffentlich angeprangert hatte, schloß der junge Kritiker mit folgenden Worten (die für unser Thema von Wichtigkeit sind): »Mr. Federman, ich mag den Fakten Ihres Lebens vielleicht nicht trauen, ich mag Ihrer Biographie nicht glauben, aber ich bin von den Geschichten, die Sie in Ihren Romanen erzählen, nicht nur überzeugt, sondern auch tief bewegt. Ich glaube Ihren Geschichten.«

Eine unerwartete Wendung, eine äußerst überraschende Art, seine Argumentation abzuschließen, denn plötzlich war er nicht länger der widerstreitende Kritiker, sondern der teilnahmsvolle Leser meiner Werke. Natürlich war es interessant, daß er Zweifel an der Wahrheit meines Lebens anmeldete und der Fiktion glaubte, die auf meinem Leben basieren soll. Dennoch stellte er, indem er den Wahrheitsgehalt gewisser Fakten aus meinem Leben bezweifelte, die entscheidende Frage nach der zweifelhaften Beziehung zwischen Fakten und Fiktion, zwischen Biographie und Fiktion.

Diese Wendung war wichtig für mich, denn ich glaube nicht, daß ich Schriftsteller geworden bin, um die Geschichte meines Lebens zu erzählen. Ich wurde Schriftsteller, um Geschichten zu erzählen. Und ich bin mir sicher, daß dies auf alle zutrifft, die sich Schriftsteller nennen. Wenn einige der Geschichten, die ich erzählt habe, auf meinem Leben basieren, ist dies letztlich völlig irrelevant – besonders wenn es darum geht, die Qualität oder die Wirkung oder gar Schönheit meiner Dichtung zu beurteilen. Die wirkliche Frage über Autobiographie als Fiktion oder Fiktion als Autobiographie ist folgende: Lesen wir Literatur, um etwas über das Leben des Autors herauszufinden, oder weil wir an Menschen interessiert sind und am Zustand des Menschen? Wenn wir nur am Leben des Autors interessiert sind, warum bitten wir den Autor dann nicht darum, uns die Geschichte seines Lebens zu erzählen. Doch wenn er das tut, können wir ihm vertrauen? Nun, ich glaube nicht, daß wir Literatur lesen, weil wir am Leben des Autors interessiert sind. Wenn das der Grund wäre, warum wir Romane lesen oder einem Schriftsteller zuhören, der über sein Werk erzählt, dann wäre das ganze Unterfangen Literatur trivial, lächerlich und uninteressant.

Was interessiert an der Beziehung zwischen Fiktion und Autobiographie, ist der Mechanismus, mit dessen Hilfe ein Schriftsteller Elemente seiner Lebensgeschichte in Geschichten umwandelt. Was fasziniert, ist der Prozeß, der es ermöglicht, daß Lebensgeschichte zur Fiktion werden kann und umgekehrt, daß die Fiktion es dem Schriftsteller ermöglicht, eine Biographie zu haben – eine wirkliche oder eine eingebildete.

Avant-Garde Autobiographie (Sich Erinnern Oder Einbilden):

Bis vor kurzer Zeit las man Romane – besonders jene, die in der Ersten Person verfaßt worden waren – als seien sie bloße Autobiographien, und man nahm an, daß der Schriftsteller nur niederschrieb, an was er sich aus seinem Leben ERINNERN konnte, von seiner Jugend, seiner Familie, seinen amourösen Abenteuern. Und ERINNERUNG (willkürliche oder unwillkürliche) wurde als der einzige Mechanismus angesehen, der persönliche oder autobiographische Dichtung ermöglichte.

Für lange Zeit also wurde A LA RECHERCHE DU TEMPS PERDU einfach als blanker autobiographischer Roman betrachtet. Das Leben Marcel Prousts und das von Marcel (dem Erzähler und Helden) aus diesem gigantischen Roman waren identisch. Das war natürlich vollkommen falsch. Sicherlich verwendete Marcel Proust Details aus seinem Leben und aus seiner Zeit in seinem Roman, aber Marcel erinnert sich nicht nur einfach an das, was ihm widerfuhr, als er jung war, in den meisten Fällen erfindet er, er spekuliert, stellt sich vor, erfindet Geschichten über die anderen Figuren in dem Roman. Ja, Marcel erfindet fortlaufend vor unseren Augen, was er meint, was wirklich oder vermeintlich geschah, besonders, weil er in den meisten Fällen nicht anwesend war, um Zeuge der Ereignisse zu sein, oder wenn er anwesend war, nicht zuhören oder sehen konnte, was geschah. Das ist der Schlüssel zu dem Roman. *A la recherche du temps perdu* ist kein Roman, der einfach nur zurück auf die Vergangenheit blickt, er ist ein Roman, der auch, nach vorn gerichtet, die eigene Zukunft betrachtet und die eigene Entstehung. Und dies ist auch der Schlüssel zu einem Großteil der Gegenwartsdichtung – zu dem, was man als Neue Dichtung, Metafiktion, Postmoderne Dichtung oder Surfiction bezeichnet hat.

Die zeitgenössische experimentelle Dichtung wird nicht länger auf der Grundlage ERINNERTER EREIGNISSE geschrieben, sondern auf der Grundlage ERFUNDENER EREIGNISSE, die scheinbar in der Gegenwart vor den Augen des Lesers ablaufen (dem Kino recht vergleichbar). Dies ist ein fundamentaler Unterschied: ein Schriftsteller muß sich nicht der Vergangenheit zuwenden (seiner eigenen in den meisten Fällen), um seine Fiktion zu entwickeln, er kann sich auch einfach mit der Gegenwart oder sogar der Zukunft auseinandersetzen. Ja, sich mit der Gegenwart oder Zukunft auseinandersetzen und sich nicht länger daran erinnern, wer oder was er war oder tat, sondern erfinden, wer oder was er sein will, oder gewesen ist oder getan hat.

Einer der großen (autobiographischen) Romane unserer Zeit beginnt mit einem Satz, der den Leser (und den Helden des Romans) in die Zukunft versetzt, um die Geschichte der Vergangenheit erzählen zu können: »Viele Jahre später sollte der Oberst Aureliano Buendia sich vor dem Erschießungskommando an jenen fernen Nachmittag erinnern, an dem sein Vater ihn mitnahm, um das Eis kennenzulernen.«

Was an dem Einstieg zu *Hundert Jahre Einsamkeit* von

Gabriel García Marquez so erstaunt, ist die Tatsache, daß die Geschichte in der Zeit vorspringen muß, bevor sie sich der Vergangenheit zuwenden kann, um sie wiederzugeben oder gar zu erfinden, damit der Roman vorankommen kann, damit die Geschichte erzählt und überhaupt geschrieben werden kann. In dieser Hinsicht kontrolliert also nicht die Erinnerung die Bewegung der Fiktion, sondern die Einbildung fungiert als Improvisierungsinstrument und läßt die Sprache der Fiktion voranschreiten. Schließlich können wir einen Roman nur in einer Richtung lesen: vor- und nicht rückwärts.

Bei einem Großteil der zeitgenössischen Werke (inklusive der autobiographischen Dichtung) ist daher die Funktion der Erinnerung gleichbedeutend mit jener der Einbildung. Deshalb scheinen sie eher frei improvisiert denn wiedererzählt. Dennoch, in der Tatsache, daß die autobiographische Avantgarde-Dichtung improvisiert erscheint, verbirgt sich ein Paradoxon. Es scheint wirklich paradox, daß ein Roman im selben Atemzug als autobiographisch und als avantgardistisch bezeichnet wird, denn diese beiden Begriffe schließen sich gegenseitig aus. Aber schließlich erfreut sich die Gegenwartsdichtung an Widersprüchen.

Viele zeitgenössische Schriftsteller verwenden Elemente aus ihrem Leben, um ihre eigene Fiktion zu entwerfen, doch zur selben Zeit unterminieren sie die Glaubwürdigkeit dieser Elemente durch Ironie und Selbstreflexivität, Einwürfe des Autoren und beabsichtigte Widersprüche verwischen so die Grenze zwischen Fakten und Fiktion.

Auf den ersten Blick scheinen Autobiographie und Avantgarde-Literatur im Widerspruch zueinander zu stehen. Begrifflich betrachtet, ist die Autobiographie eine literarische Form, die rückwärts gewandt ist, wohingegen die Avantgarde-Literatur angeblich stets nach vorn blickt.

Die Autobiographie versucht, in einer retrospektiven Erzählung, vergangenes Leben einzufangen, Avantgarde-Literatur erfindet neue Erzählformen, um der Zukunft voranzugehen oder sie gar vorwegzunehmen. Deshalb vielleicht macht ein Großteil dieser Literatur (wenigstens an der Oberfläche) den Eindruck von Science-Fiction oder futuristischer Literatur. Dies trifft auf meinen Roman *Die Nacht zum 21. Jahrhundert* zu, aber ebenso auch auf viele der Romane Kurt Vonneguts, William Borroughs' oder Italo Calvinos. Selbst *How it is* und *The Lost Ones* von Samuel Bekkett kann man als futuristische Werke lesen. In all diesen Fällen greift die Fiktion eher nach der Zukunft als nach der Vergangenheit, obwohl Elemente der Autobiographie am Werke zu sein scheinen. In dieser Hinsicht also läßt sich sagen, daß es heute eine Avantgarde-Autobiographie gibt, die Alain Robbe-Grillet als *La nouvelle Autobiographie* (dt.: *Neuer Roman und Autobiographie*) bezeichnet hat.

Die Kombination von Vergangenheit und Zukunft in diesen experimentellen autobiographischen Romanen deutet auf eine Vielzahl von Veränderungen im Verhältnis von Kunst und Leben hin. Auf der einen Seite betonen diese Romane die enge Beziehung zwischen Leben und Kunst in der modernen Kultur und weisen auf die immer schwieriger werdende Trennung von Fakten und Fiktion hin. Auf der anderen Seite verweist diese geänderte Natur der Realität auch auf die geänderte Natur der Dichtung, wenn es um das Konzept des Selbst geht. Dies berührt natürlich auch die Konventionen des Romans, als da wären Plot, Handlungsort und Charaktere, und die mimetischen Vorgaukelungen des traditionellen Romans.

Die vielleicht interessanteste und radikalste Technik, die verwendet wird, um die Grenze zwischen Fakten und Fiktionen zu verwischen oder gar zu beseitigen, ist die Einführung des Schriftstellers selbst in die Fiktion, sehr häufig unter eigenem Namen. Dies trifft auf Kurt Vonnegut in

Slaughterhouse 5 und in einigen seiner anderen Romane zu, in denen er nicht nur als Autor des Romans, sondern auch als Held erscheint. Auf diese Weise wird der richtige Schriftsteller fiktionalisiert, wenn er sich selbst im Text einen Namen verleiht. Ronald Sukenick verwendet diese Technik in all seinen Romanen, und deshalb läßt sich sagen, daß es einen »echten Sukenick«, aber auch einen »mythischen Sukenick« gibt. Beide teilen sich ein Leben, aber sie teilen sich auch eine Fiktion – welche ist wahrer, realer als die andere? Diese Frage läßt sich nicht länger stellen.

Der fiktive Autor mehrerer meiner Romane heißt FEDERMAN (mit großem F oder kleinem f). Dieser Autor ist auch bekannt als HOMBRE DELLA PLUMA oder HOMME DE PLUME oder gar als NAMREDEF. Allerdings ist die Tatsache, daß der eigene Name in der eigenen Dichtung erscheint, nur eine Möglichkeit, die Faktizität zu unterminieren und die Grenze zwischen der Realität und der Imagination zu zerstören. Eine andere, viel effektivere Möglichkeit liegt in der Selbstreflexivität – einer Methode, die auf die Wahrheit der Fiktivität hinweist und gleichzeitig den Schwindel des Realismus entlarvt. Wenn es denn stimmt, daß das Erzählte auf dem Leben des Autors basiert, dann werden diese Fakten durch die Selbstreflexivität unterminiert.

Selbstreflexive autobiographische Dichtung spricht die Wahrheit über die eigene Verlogenheit aus, besser gesagt, sie denunziert die Lüge der Realität, um die Wahrheit der Fiktion zu stärken. Und plötzlich stecken wir wieder im PARADOXON DES LÜGNERS: Alle Schriftsteller sind Lügner und ich bin Schriftsteller. Doch dies ist ein Paradoxon, das es dem Schriftsteller ermöglicht, die Erfahrungen seines Lebens in Fiktion zu verwandeln und dies glaubwürdig erscheinen zu lassen, so daß der Leser schließlich sagen kann: »Ich mag Ihrem Leben nicht trauen, aber ich glaube Ihren Geschichten.«

edition suhrkamp
Eine Auswahl

316/3/6.90

316/4/6.90